二戰即將結束前，同盟國陣營便決議，需要成立一個世界性組織，重建國際秩序、維持世界和平。於是，「聯合國」就這樣成立了，總部設於美國紐約。

以美、英、蘇為首的同盟國陣營，在戰時組成「聯合國」，共有 26 國加入。

「聯合國」正式成立於 1945 年，至今仍是重要的國際仲裁與交流組織。

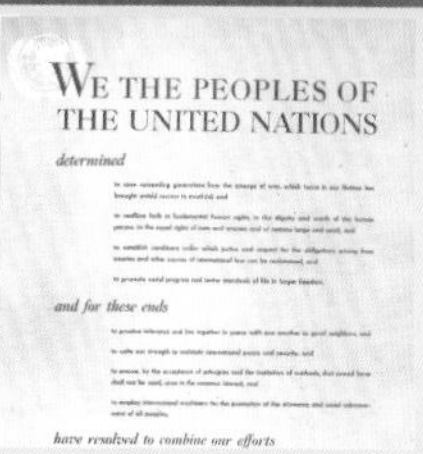

《聯合國憲章》提出四點原則，要求加入的會員國共同遵守中心信念。

1959年冷戰時期 全球局勢分布

戰後世界的勢力集中在美、蘇兩強，雙方在軍備、太空等競賽不斷較勁，使全球陷入緊張局面，稱為「冷戰」。對峙情況在「古巴飛彈危機」時來到最高點，衝突一觸即發。

卡斯楚在革命後取得古巴政權，面對美國不斷施壓，轉向蘇聯求援。

蘇聯為威脅美國勢力，並在世界發展共產主義，於古巴部署飛彈。

美國總統甘迺迪利用巧妙回應及利益交換，化解與蘇聯之間的危機。

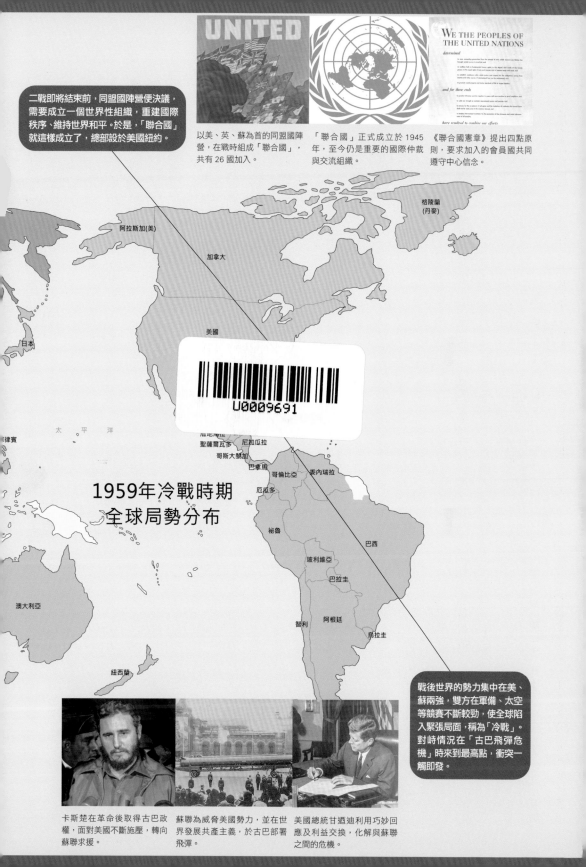

1.（ ）「冷戰」正式開始的標誌，是美國提出了「杜魯門主義」。

2.（ ）所謂「第三世界」是指亞洲、非洲、拉丁美洲地區，新獨立、但經濟尚處於開發中的國家。

3.（ ）二戰結束後，中國爆發內戰，美國總統杜魯門派何人來華調停國、共衝突？(A)尼克森(B)甘迺迪(C)艾森豪(D)馬歇爾。

4.（ ）美、蘇冷戰的關係轉為「低盪」（或譯為「緩和」），是由於哪一場國際危機和平解決所致？(A)柏林危機(B)古巴危機(C)韓戰(D)越戰。

〔進階素養題〕

● 二戰後期，美軍仍在太平洋對日本艱苦作戰，當時原子彈尚未研製成功。英、美軍事專家預估，如果德國戰敗投降，要一年多後才能擊敗日本，美國為此要犧牲百萬兵力，英國也得付出極其慘重的損失。唯一能夠減少折損的方式，就是力邀蘇聯對日宣戰，因而促成一九四五年「雅爾達會議」的召開。

5. 美國總統羅斯福和英國首相邱吉爾，為了換取蘇聯在德國投降後三個月對日宣戰的承諾，不惜犧牲了哪一國的權益？

6. 雅爾達會議間接導致國共內戰時國軍的失利，此外，國民政府面臨的嚴重經濟問題更是大失人心，你能簡述當時的情況嗎？

● 一九四八年初，蘇聯突然封鎖了由西德通往東德所有陸上交通路線，致使孤懸在東德境內的西柏林陷入絕境。美國為了向蘇聯示威，每天以飛機載運四千噸的日用品支援西柏林，並且安排兩架可以攜帶原子彈的B－29轟炸機長駐英國，大戰幾乎一觸即發，史稱「柏林危機」。

7. 二戰過後造成德國的分裂，首都柏林也被劃分成兩個區塊，當時的情況大致如何呢？

8. 東德是屬於共產集團國家，為了防止民眾逃往民主國家西德，東德在一九六一年進行了哪項措施？

解答：**1.**○ **2.**○ **3.**D **4.**B **5.**中國，參考第55頁 **6.**參考第90～91頁 **7.**參考第22頁 **8.**參考第23頁。

將深入淺出的為讀者逐項解說。

對於這些盤根錯節的政局演變，大家可能會覺得嚴肅，管老師特別穿插「誰殺了甘迺迪？」這個主題，把這位「高富帥」總統做了一番介紹。甘迺迪家族的故事至今為人津津樂道，他不只是二十世紀的一頁傳奇，管老師特別點出甘迺迪在競選活動進行時，如何利用電視辯論會，把自己形塑成政治明星，讓對手尼克森相形見絀。電視這個新興媒體促進了大眾文化的發達，也加速了全球化趨勢。管老師在解說政治的同時，也能貼近讀者的生活情境，顧及文化素養的薰陶。

由於二戰的亞洲戰場重點是中日戰爭，也就是中國史所說的「八年抗戰」，期間的「國共合作」和戰後的「國共內戰」，乃至於一九四九年「新中國」的建立，都有著千絲萬縷的關聯。很遺憾的是，新中國初期的「大躍進」造成大飢荒，毛主席領軍的「文化大革命」，更是一場十年浩劫，直到「鄧小平時代」展開「改革開放」，改變了中國也影響到全世界，如今經濟發展的成果，大家有目共睹。

鄧小平算是共產政權中的一個特例，他兩次榮登美國《時代雜誌》的「年度風雲人物」；另一位強調「開放政策」的共產國家領袖是蘇聯的戈巴契夫，他推動各項革新提振國內經濟，也加速裁軍的步調，不再干預東歐各國的內政，各地紛紛改行民主政治，於是柏林圍牆倒塌了，東、西德完成統一。尤其是戈巴契夫與美國總統雷根會晤，可說是「相逢一笑泯恩仇」，戈巴契夫個人還獲得了諾貝爾和平獎。

緊接著蘇聯的加盟共和國陸續宣布獨立，戈巴契夫去職，「蘇聯」成為歷史名詞，時移勢易，威脅世人的冷戰終告一段落。

【知識競技場】

本卷引導我們學習二戰結束後的整體局勢，包括美、蘇爭霸，新中國的建立，以及重要的國際危機。你可以透過以下題目預先了解本卷重點，也可以等看完全卷後，再回來大顯身手吧！

〔基礎是非選擇題〕

冷戰緊張情勢

1961 年，東德在與西德的邊境建了一道高牆，稱為「柏林圍牆」。

戈巴契夫在擔任蘇聯總書記時，實施開放政策，長期的冷戰終於結束。

柏林圍牆於 1989 年開放，兩德人民得以交流，翌年，德國正式宣布統一。

在二戰戰敗的德國，領土被美、蘇、英、法占領，後又分化為「東德」與「西德」，分別成立兩個對立的政體，使國土與人民被一分為二，成為冷戰時期，強權的角力戰場。

經歷對日八年抗戰並獲得勝利後，原本為同一陣營的國民政府與共產黨再次分裂，對於日本該向哪方投降，雙方僵持不下，最終引爆衝突，於 1945 年發生國共內戰。

對於受降問題，國、共雙方簽定《雙十協定》，卻仍無法解決衝突。

美國曾派馬歇爾將軍主持國、共調停，要求雙方停戰，卻無功而返。

最終共產黨獲勝，毛澤東宣布中華人民共和國，新中國成立。

時間	事件（紅字為臺灣歷史事件）
西元 1934 ～ 1938 年	蘇聯領導人史達林主導了一場政治鎮壓和迫害運動，史稱「大清洗」。最後的兩年也被稱為蘇聯「大恐怖」時期。
西元 1936 年 ………	日本開始在臺灣實施「皇民化政策」。
西元 1939 ～ 1945 年	第二次世界大戰。
西元 1942 年 ………	中、美、英、蘇等二十六國在美國華盛頓簽定《聯合國宣言》。
西元 1943 年 ………	美、英、蘇三國在伊朗舉行德黑蘭會議。
西元 1944 年 ………	美、英、蘇三國舉辦敦巴頓橡園會議，完成了《敦巴頓橡園草案》，做為「聯合國」憲章。翌年通過《聯合國憲章》，「聯合國」正式成立。
西元 1945 年 ………	美、英、蘇三國在克里米亞半島舉行雅爾達會議。同年德國投降後，也在德國舉行了波茨坦會議，不久後二戰正式結束。
西元 1945 ～ 1949 年	中國共產黨與國民政府於抗日戰爭結束後，在受降等方面談判破裂，爆發國共內戰。
西元 1945 年 ………	「法蘭西第四共和國」成立。
西元 1946 年 ………	二戰後，曾對「軸心國」作戰的國家群集於巴黎盧森堡宮，舉行「巴黎和會」。
西元 1947 年 ………	美國提出「杜魯門主義」，被視為「冷戰」正式開始的標誌。同年，「歐洲復興計畫」（或稱「馬歇爾計畫」）正式提出。
西元 1948 ～ 1951 年	美國實行「馬歇爾計畫」，援助戰後歐洲重建。
西元 1949 年 ………	以美國為首的西方國家，為了抵禦蘇聯的威脅，組成「北大西洋公約組織」。
西元 1949 年 ………	法、英、美在德國的占領區，建立「德意志聯邦共和國」，俗稱「西德」。不久，蘇聯在其德國占領區，成立「德意志民主共和國」，俗稱「東德」。
西元 1949 年 ………	毛澤東在北京天安門廣場，向全世界宣布中華人民共和國正式成立，稱為「新中國」。
西元 1950 年 ………	北朝鮮得到蘇聯的默許，不宣而戰，直接跨過「三十八度線」對大韓民國實施軍事行動，拉開韓戰序幕。三年後，朝鮮、中國和美國在板門店簽署《朝鮮停戰協定》停火協議，韓戰結束。
西元 1955 年 ………	蘇聯為了與美國和「北大西洋公約組織」對抗，主導成立了「華沙公約組織」。
西元 1955 ～ 1975 年	北越與南越發生戰爭，簡稱「越戰」。美國援助南越，蘇聯、中共援助北越，最後北越獲勝，統一越南。
西元 1955 年 ………	美國人權運動者金恩博士與同伴發起「蒙哥馬利罷乘運動」，持續了三百八十五天。
西元 1958 年 ………	中國共產黨主席毛澤東推動「人民公社」制度與「大煉鋼」運動，稱為「大躍進」，造成人民生活艱困，同年年底進入「三年饑荒」時期。
西元 1958 年 ………	戴高樂出任總理。同年他提出新憲法，獲得高票通過，之後再組成政黨，獲選為法國總統，「第四共和」結束，開啟「第五共和」並延續至今。
西元 1960 年 ………	美國總統候選人甘迺迪與尼克森，進行美國歷史上第一次總統候選人電視辯論。
西元 1961 年 ………	美國宣布與古巴斷絕外交關係，並對古巴進行經濟制裁。同年發生「豬玀灣事件」。
西元 1961 年 ………	東德為了防止民眾逃到西德，築了一道「鐵牆」，被稱為「柏林圍牆」。
西元 1962 年 ………	古巴飛彈危機爆發。危機於同一年解除，之後美、蘇冷戰關係進入「低盪」時期。翌年，美、蘇兩國協議，在華府與莫斯科之間裝設「熱線」。
西元 1963 年 ………	美國總統甘迺迪遇刺身亡，副總統詹森在飛機上緊急繼任，翌年正式當選總統。
西元 1964 年 ………	法國宣布與中華人民共和國建交，是西方陣營中第一個與新中國建交的國家。
西元 1965 年 ………	蘇聯領導人布列茲涅夫訪問美國與總統尼克森會談，雙方達成協議並發表《聯合公報》，宣稱「冷戰」結束。
西元 1966 年 ………	中國爆發「文化大革命」。
西元 1967 年 ………	越戰期間，美國學生和民眾發起「向五角大廈進軍」反戰運動，示威群眾與警方發生嚴重衝突，多人遭捕。隔年，反戰示威遊行遍及美國各地。
西元 1969 年 ………	美國成功完成「阿波羅登月計畫」。
西元 1970 年 ………	美國反戰運動愈演愈烈，發生學生被國民兵開槍射死的事件，稱為「肯特州立大學槍擊事件」。
西元 1971 年 ………	中華人民共和國取代中華民國在聯合國的代表權席位。
西元 1972 年 ………	美國總統尼克森訪問中國，是第一位在任訪問中國的美國總統，打開了中、美兩國關係的大門。同年「水門事件」爆發，兩年後，尼克森被迫辭職，為美國歷史上第一位辭職的總統。
西元 1974 ～ 1979 年	臺灣進行「十大建設」計畫。
西元 1976 年 ………	南、北越統一，中南半島三國都加入了社會主義的陣營。
西元 1978 年 ………	中、美兩國發表《中美建交公報》，美國承認中華人民共和國中央人民政府是中國唯一的合法政府。翌年元旦，公報生效，中美正式建交。
西元 1986 年 ………	蘇聯領導人戈巴契夫提出「開放政策」，確立蘇聯改革方向。
西元 1987 年 ………	臺灣解除了維持三十八年的戒嚴令，並開放赴大陸探親。
西元 1989 年 ………	蘇聯共產主義制度衰退，東歐的附庸國陸續擺脫了蘇聯的控制，恢復自由。同年，「柏林圍牆」開放，這一年被視為「柏林圍牆」倒塌的一年。
西元 1991 年 ………	蘇聯發生政變，領導人戈巴契夫遭軟禁，稱為「八一九事件」，又稱「八月政變」。同年蘇聯正式解體，「俄羅斯聯邦」成立。
西元 1993 年 ………	「歐洲聯盟」（簡稱「歐盟」）正式成立。

【歷史教室】卷10

曹若梅
臺北市明湖國中歷史老師
歷史類電視節目與談學者

「□□□的任務」和「零零七情報員」系列的電影總能票房長紅，其中有詭譎多變的諜報爭鋒、軍備競爭、總統遇襲、恐怖攻擊、網際網路和太空科技等等，情節真是扣人心懸。大家可別以為裡面的劇情都是導演憑空杜撰，其實這些極有可能是改編於第二次世界大戰結束後的真實史料，那就是美、蘇之間長達四十多年的「冷戰」。管家琪老師用「相信對方是大魔王，企圖摧毀自己的生活方式」來形容當時雙方敵意之深、猜忌對峙的情況。

二戰後的美國是全世界最富強的國家，而蘇聯則是第一個以共產主義為基礎所建的國家，因此美、蘇的爭霸，關係著全體人類未來的走向。當然你一定會懷疑：既然可以「冷戰」，那何不直球對決、發動熱戰呢？那是因為有了二戰的教訓，讓大家不願也不敢再輕啟戰端。二戰規模之大史無前例，軍械的殺傷力遠勝過往，例如戰爭致死的人數高達數千萬人，財物損失更是一戰的數十倍，尤其是毀滅性武器原子彈的出現，舉世各國無不駭然。美、蘇兩國既要避免直接衝突破壞和平，又不肯坐視對方的勢力擴張，所以管老師認為在大戰結束後的兩年、也就是西元一九四七年，東西方陣營的敵對就已經正式成型。

此處所謂的陣營不單指美、蘇兩國，與美國採用「圍堵政策」抵制蘇聯的西方各國，以及被西方國家蔑稱為「鐵幕」的共產集團諸國；此外還有蘇聯領兵的「華沙公約組織」，歐美各國組成的「北大西洋公約組織」，雙方不斷的拍板叫陣，戰火彷彿一觸即發。

如此劍拔弩張的形勢，是否有辦法遏止呢？又或是會不會發生擦槍走火的危機呢？正因此，本卷也討論了「聯合國」的設置，以及冷戰期間的國際紛爭。

提到「聯合國」的歷史，從一九四五年成立至今早已超過半世紀，當初規畫的宗旨「重建國際秩序和維護世界和平」，未必能夠落實執行。總部位於紐約的「聯合國」，經常成為民主與共產國家的角力場所。所以，管老師引用「聯合國」第四任祕書長華德翰所說：「『聯合國』並不完美，卻是我們唯一的希望。」綜觀國際局勢的發展也確實如此，柏林危機、古巴危機、韓戰、越戰和以阿戰爭，戰爭的悲劇一再重演，美、蘇的對壘舉措間無不讓人提心弔膽，本卷

少年愛讀世界史

10 現代史 II

柏林圍牆的倒塌

管家琪——著

總序

為什麼我們要讀世界史？

管家琪

也許你會遇上這樣一個朋友：她特別好強，成績一直名列前茅，對自己和周圍的人都有些苛刻，可是對小動物和大自然卻有著純粹的愛心。也許你會好奇，她的家是什麼樣子？她的爸爸媽媽是做什麼的？又是怎麼教育她的？為什麼她會在如此熱愛大自然的同時，對人似乎總是不大友善。

也許你又遇上另一個朋友：他比較文靜，平時很少主動說話，下課時間總是趴在桌上睡覺，你知道他住得挺遠，放學後總是一個人坐著公車離開。也許你會好奇，為什麼他會到這麼遠的地方來上學？當初這是他爸爸媽媽還是他自己的意思？現在他們全家又是怎麼看待這個決定的？

也許你還遇上一種朋友：她為人隨和，很少和大家在一起哄鬧，也很少有什麼強烈的意見，從來不會刻意要求什麼，身邊總有幾個朋友，但是真正算得上深交的好像又沒幾個。也許你會好奇，她的過去是什麼樣子？在她的成長之路上有沒有發生過什麼特別的事？為什麼她似乎總是很難真正對別人敞開心扉，似乎總是與人保持著一定的距離？

如果我們不了解一個人的成長背景，包括生活的經歷，便無法明白一個人為什麼會成為現在這個模樣。單獨一個人是如此，由許多人所組成的社會、民族、國家，以及文明，也是如此。

這個世界在我們到來之前，已經存在了很長很長的時間。各個民族與文化，在不同的地理環境中，自然而然的成長，經歷過不同的世事變遷，孕育著他們各自對世界的理解，然後漸漸成為我們今天所認識的各個國家。過去的人，他們所經歷的過去事，透過文物證據與文獻記載所留下的寶貴資料，再經由後人的發掘、考證與解讀，就成了我們今天所看到的歷史。

總之，如果不了解歷史，我們便無法明白世界為什麼會成為現在這個模樣；而如果不了解世界現在的模樣，我們便難以給這個世界塑造一個更理想的未來。

這套【少年愛讀世界史】所講述的範圍是整個世界，而不是某一個地區、民族或國家。在二十世紀六十年代以前，以個別民族國家作為歷史研究的單元（比如說中國史、英國史、法國史等等），一直被認為是最合適的方式，那麼，為什麼現在我們需要從整體世界的角度來講述歷史呢？

這是因為到了二十一世紀，我們需要一個全球化的視角與觀點。隨著時代的變化，尤其是網路的發展與全球性移民不再是特殊現象以後，人與人之間的交流益發頻繁。現代的居民、不管是住在哪裡的居民，也比過去更容易在生活中遇見與自己截然不同歷史文化背景的鄰居。過去在很長一段時間之內，用來區隔人與人的民族、國家等社會學的邊界概念已逐漸被沖淡，一個嶄新的、以全人類為背景的人類文化正在逐漸形成。

同時，與二十世紀末一派樂觀的地球村情緒不同，二十一世紀的我們，正面臨著全球化在城市與鄉鎮發展極為不平均的困境。在當今保守主義的右傾與排外思潮的崛起下，如何平衡多元文化與傳統文化的衝突，也是二十一世紀世界史所需要思考的問題。

所以我們應該讀世界史，而且需要有系統的、順著時間脈絡來讀世界史。這就是這套【少年愛讀世界史】的特色，這套書側重西洋史，但也會不時呼應、對照同一時期的中國史；這套書注重時間感，也注重人物，因為歷史本來就是「人的故事」，而且注重從多角度來呈現一件件重要的史實。

最後，感謝字畝文化，讓我有機會來做這樣一個極有意義的工作。也感謝老友伯理，給了我極大的協助，讓我能順利完成這套世界史。

目次

拉頁

總序

第一章 二戰過後

第二章 東西世界的對抗

第三章 二戰後三十年之內的世界大事

第四章 蘇、中、美的重大轉變

第五章 開放的年代

第一章 二戰過後

這一卷要講述的，大致是從西元一九四五至一九九一年，近半世紀的現代史。
一九四五年是二戰結束的那一年，二戰過後的世界是什麼樣子呢？
就讓我們先從巴黎和會開始了解吧。

1 巴黎和會

在二戰結束第二年（一九四六年）的七月二十九日，二十一個曾經對德、義、日等「軸心國」進行過實質作戰的國家，群集於法國首都巴黎的**盧森堡宮**，舉行「巴黎和會」。

我們來看一下這二十一個國家的名單，溫習一下二戰的規模：

有英國、法國、美國、中國、蘇聯、澳大利亞、比利時、加拿大、紐西蘭、波蘭、挪威、荷蘭、希臘、巴西、捷克斯洛伐克、衣索比亞、印度、南非聯邦、白俄羅斯、烏克蘭和南斯拉夫。

此外，還有奧地利、古巴、埃及、伊朗、伊拉克、墨西哥和阿爾巴尼亞等七國，是以協商資格與會（也就是說沒有表決權）。

真是一場世界大戰啊，無怪乎全球多達二十億以上的人口都被捲入。

與一戰過後的和會不同的是，這回戰敗國可以

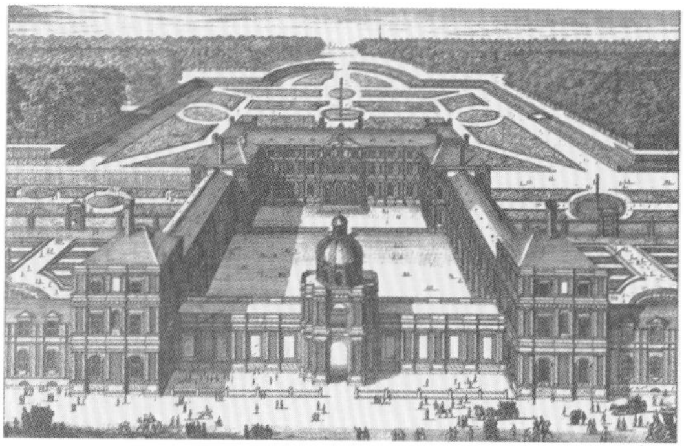

巴黎盧森堡宮的景色。圖為 1643 年的畫作。

盧森堡宮——盧森堡宮始建於一六一五年，是按照亨利四世（一五五三～一六一〇年）王后的故鄉、義大利托斯卡納地區的建築風格所修建的，之後長達兩百年，一直是法國政治機構的所在地。

「托斯卡納建築風格」簡樸而優雅，托斯卡納地區也被視為文藝復興的發祥地，在這裡湧現出一大批像達文西（一四五二～一五一九年）、米開朗基羅（一四七五～一五六四年）這樣傑出的藝術家。

出席了，理由是「准許他們為自己辯護」。

不過這場會議，雖然參與的國家這麼多，實際上是由「三巨頭」控制了一切，分別是美國、英國和俄國（蘇聯）。

戰勝國和戰敗國之間，本來就會存在一些緊張的關係，而東歐小國，包括波蘭、捷克、南斯拉夫等等，又一切都聽命於蘇聯，因此，在無形之間還形成了東西方的衝突。總之，這場會議開了兩個半月，會中有一連串的辯論和爭論。

不過，相比之下，這次巴黎和會在有關領土方面的問題，不像一戰過後那次的巴黎和會那麼激烈，這是因為很多關於領土方面的爭論，其實早就已經在之前用武力等各種方式解決了。二戰後關於領土的變更，主要是蘇聯的西界、德國的東界，還有義大利與南斯拉夫的疆界。

在經濟賠償方面，蘇聯獲益最多。因為蘇聯不僅在和會之前，就已經與芬蘭、羅馬尼亞和匈牙利訂立了停戰協定、取得了賠償，在和會中又從義大利獲得最多的賠款。

所有戰敗國的賠款，都是以貸款的方式來處理。

巴黎和會對於限制那些戰敗國、包括在戰爭期間屬於「軸心國」附庸國家的軍備，亦頗為嚴格，可是其實在當年一戰過後，就已經證明像這樣的限制根本不切實際。這一次也是一樣，甚至後來蘇聯和美國為了自身的利益，不僅允許、還積極協助這些戰敗國重新武裝，好增加自己陣營的軍事實力。

此外，巴黎和會所簽定的和約，規定各國都要解散法西斯組織，以及引渡戰犯，同時保證要給予這些戰犯公民人權與基本自由。

為了因應審訊德國戰犯的問題，美、英、法、蘇四國在位於德國東南部的紐倫堡，設立了一個國際軍事法庭。

在這個特殊的軍事法庭，有二十二名高層納粹黨人受審，宣判後有三人被釋放，七人被處十年至無期徒刑，十二人被處死刑（後來有兩個人在獄中自殺）。

當然，西方國家與蘇聯在原則上，也都同意要剷除納粹制度。

1945 年的紐倫堡國際軍事法庭，審判現場懸掛著法國、美國、英國、蘇聯（由右至左）的國旗。

2 戰後新世界

西方民主國家

關於戰後的新世界，我們分三個角度來介紹。這一小節我們先介紹西方民主國家，以美、英、法、德（西德）做代表。

● 美國

二戰後的美國是全世界最富強的國家。就以二戰剛結束的那一年來看，當時美國人口僅占全球的百分之六（一億四千萬人），卻享有全球百分之四十的收入，並且控制著全球百分之五十的工業機械。

之後再經過二十年的發展，美國在一九六五年時，平均國民所得已經達到兩千六百美元。

不過，因為二戰之後，美國不僅沒有再像一戰結束時那樣回到孤立主義，還積極負起大國的責任。在一九四七至一九六七年、這二十年之間，陸陸續續與其他四十六個國家建立了共同防禦的關係，成為世界集體安全的支柱，還對全球非共或反共的國家，提供大量的經濟與軍事援助，這些都造成美國財政上極大的負擔。

我們從一個對比的數字，就可以知道這個負擔有多重：如果以二戰爆發那年做基準，之前十五年，美國的國防費用是一百億美元，之後十五年，則是高達五千億美元以上。如此高昂的國防費用，使美國的經濟發展自一九六〇年以後，就漸趨疲軟。

從一九六一至一九七三年，美國又因投入越戰，耗費了一千五百億美元左右，造成五萬美軍陣亡、三十幾萬人受傷，最後仍因戰略不當而宣告失敗，南越隨即在美國退出的兩年後覆滅，這對美國也造成很大的打擊。

二戰過後，美國內部有很多社會與經濟的問題，其中最難解決的，當為「種族歧視」的問題。韓戰期間（一九五〇～一九五三年），美軍終於將白人士兵與黑人士兵混合編組，一改過去分開服役的做法，算是踏出黑人平權重要的一步。韓戰過後、一九五四年，美國最高法院一致決定，今後在義務教育中，不可以再以黑人、白人分校，否則即屬違憲。可是，接下來有些南方州，甚至寧可暫時關閉學校，也不願意接納黑人子弟，還有不少學校因為黑人、白人合校，而不時發生騷亂。

與此同時，也有為數頗多的黑人，主張

韓戰期間美軍採用混合編組，對美國種族歧視與隔離政策而言是一大突破。照片為一同作戰的黑人與白人士兵，攝於 1950 年。

種族隔離政策下的非裔美國人，只能飲用專給「有色人種」的水。

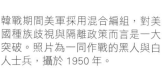

要用暴力手段來爭取平權，使社會益形動蕩。這個問題，從一九六五年的夏天，一直到一九六七年，發展得最為嚴重。

在領導層面，民主黨自一九三二年獲勝以來，就長期控制政府與國會，直到一九五二年的大選，共和黨推出被視為二戰英雄的艾森豪（一八九〇～一九六九年），終於獲勝。

艾森豪在第一屆任期過後又蟬聯了一屆，在他任職的八年期間，美國社會經歷了二戰過後，最安定且繁榮的時期。

接任艾森豪的是時年四十三歲的甘迺迪（一九一七～一九六三年），他致力發展教育、擴大社會福利，並在經濟方面進行一系列的改革。一九六三年，甘迺迪總統的任期尚未屆滿，卻遇刺身亡，副總統詹森（一九〇八～一九七三年）在飛機上緊急繼任，並在翌年正式當選為總統。

甘迺迪總統遇刺，至今仍是一樁世紀懸案。

美國總統甘迺迪在 1963 年的一次公開露面中遇刺身亡。圖為事發幾分鐘前的最後影像之一，同車的還有他的夫人與當時的德州州長。

在他去世後，有很多紀念他的活動和建築，包括紐約甘迺迪國際機場、甘迺迪圖書館、哈佛大學甘迺迪政治學院、甘迺迪航空母艦等等。

詹森總統注重立法，在職期間不遺餘力的推行各項福利法案和民權法案，還有消滅貧窮法案、減稅法等等，是美國二戰後立法最多的總統。「向貧窮開戰」是他著名的口號。

由於詹森總統任內推動的種種立法，從一九六〇年代以後興起的「平權運動」，終於開花結果，不僅黑人爭取到了應有的權利，還有大批亞裔得以進入美國，並獲得比較公平的發展機會。

在詹森總統之後繼任的是尼克森總統（一九一三～一九九四年）。尼克森對內致力抑制通貨膨脹、重振美國經濟，對外有兩件大事，一是於一九七三年，宣布美國要從越戰中抽身，二是與中華人民共和國展開直接接觸，並於一九七二年二月下旬訪問中國，是第一位在任訪問中國的美國總統，打開了中、美兩國關係的大門。

在訪華同年六月中，爆發了「水門事件」，簡單來講，就是身為共和黨的尼克森，利用在職總統的行政特權，以安全機構的人力、物力來竊取對手民主黨的競選機密，事後又頻頻當眾說謊，企圖以總統特權來掩蓋事實真相。事件導致全國一致強烈聲討，尼克森終於被迫在一九七四年辭職，是美國歷史上第一位辭職的總統。

尼克森辭職後，由副總統福特（一九一三～二〇〇六年）繼任。

在一九七六年的大選，福特總統敗給了民主黨候選人卡特（出生於一九二四年）。卡特出生於東南部的喬治亞州，父親為一名花生農場主，他自己也曾經從事過花生種植。自內戰爆發前，已經有超過一個世紀，南方人未曾入主白宮，這個現象現在終於被卡特總統打破。不過，卡特總統只做了一屆，一九八〇年爭取連任失敗。

卡特總統任內在外交上極為重要的政策之一，就是於一九七八年十二月中、在尼克森總統首度訪問中國近七年以後，中、美兩國發表《中美建交公報》，美國承認中華人民共和國

美國總統尼克森訪華，與時任中華人民共和國國務院總理的周恩來會晤。

1972 年美國總統大選時，於民主黨總部所在地的水門大廈，意外捕獲安裝竊聽器與盜取文件的嫌犯，因而爆發知名的政治醜聞「水門事件」。

中央人民政府，是中國唯一的合法政府。翌年元旦，《中美建交公報》正式生效，中美正式建交。

● 英國

二戰過後，英國內部所面臨的最大問題，就是經濟與北愛爾蘭（一般簡稱「北愛」）的問題。

英國經濟的衰退，自然是因受到二戰的破壞。英國在二戰結束後，負債達兩百二十億英鎊（約合九百億美元），平均每一個英國人負擔兩千美元，儘管就數字上來看，好像比每一個美國公民要負擔的兩千零五十美元為輕，但因英國人的平均收入較美國人為少，其國家資源又遠遠不能與美國相比，所以英國人實際上的經濟負擔，其實是比美國人要來得重。

除了受到戰爭的破壞，英國在二戰期間喪失了大量的海外投資以及各種財產，商船隊也損失慘重，而英國本來就是一個十分依賴進口食物與原料的國家，這些因素也造成英國經濟衰退。因此，英國在戰後便極力振興貿易，並擴大造船計畫，同時，英國也積極參加歐洲復興計畫。至一九六九年，英國的經濟情況曾一度好轉，但四年後又開始不振。

在經濟日益惡化的情況下，英國頗寄望於北海石油。這緣自英國從一九六九年開始，就在北海領海區發現儲藏石油，六年後大力開發，預計到一九七〇年代結束時，英國已從北海石油獲得三十至四十億英鎊的收入。

戰後，英國在財富合理分配上，取得相當的成就，緩解了社會不公的現象，比方說，在剛剛進入二十世紀不久，英國最高收入者所得是普通工人的一千五百倍至兩千倍，但是到了一九五〇年，則縮減至僅為十二至十五倍。

在社會支出方面（這也是重新分配財富的重要指標），在一九一三年、一戰爆發前，英國的社會支出僅占全國總收入的百分之五．五，可是到了一九五一年，社會支出就占了總收入的百分之十八。

而在政治方面，二戰過後，自由黨已經式微到往往只能在國會中保持十幾席，有的時候甚至連十幾席都沒有，故從此以後，英國政壇就完全是保守黨與工黨競爭的局面，有時由於兩黨在大選中的得票數過於接近，還會因而造成政府運作上的困難。

至於北愛爾蘭的問題，說來頗為複雜，主要是由於在一戰過後，南愛爾蘭成為「愛爾蘭自由邦」，後改為「愛爾蘭共和國」，並自一九四九年與英國（聯合王國）斷絕關聯，北愛爾蘭則為聯合王國的一部分，且享自治地位。在北愛，在政治與經濟等方面均占優勢的新教徒，占三分之二的人口，天主教徒屬於少數；南愛則剛好相反，天主教徒占了全部人口的百分之九十五。自一九二一年以來，北愛內閣從沒有天主教徒入閣，南愛天主教徒十分同情北愛天主教徒的境遇，愛爾蘭共和軍（一個地下組織）便頻頻採取恐怖暴力手段，謀求北愛與愛爾蘭共和國合一。

總之，北愛局勢的騷亂一直沒有斷過，在一九六九年，英國甚至被迫直接派軍隊介入北愛糾紛。北愛的問題始終十分棘手。

另，北愛天主教徒難以入閣的現象，直到一九七一年以後，才終於宣告打破。

法國

法國在二戰過後，政體經歷了第四共和、第五共和的階段。

先說第四共和。第四共和前後一共十四年（一九四四～一九五八年），各派政治力量不斷展開激烈的鬥爭，光是內閣，在十四年之間，竟然就更迭了二十五次之多，可以想見政爭激烈的程度。

戴高樂（一八九〇～一九七〇年）是第四共和的重要人物。一九五八年六月一日，戴高樂出任總理，國民會議給予他為期六個月的緊急權力，以及可以逕交人民投票（意思就是不必再經國會同意）的憲法改革權力。戴高樂沒等到六個月期滿，僅僅過了三個月、就在這年九月四日，剛好是法蘭西第二帝國覆亡的八十八周年，向法國人民提出了新的憲法，主要內容有關於國會的組成（由直接選出的國民會議與間接選出的參議院所組成）、規定總統的任期為七年等等。

新憲法對於總統的權力大為提高，包括總統擁有廣泛的任命權（特別是提名內閣總理權）、有權交付公民投票、必要時可行使緊急權力等等。結果，這一憲法在九月底，經法國人民以壓倒性多數通過，戴高樂亦組成一個新政黨，也就是民主聯盟，通稱「戴高樂黨」。接下來，該黨黨員在選舉中控制了國民會議，

開創法國第五共和的戴高樂。在法國，他也常被稱為「戴高樂將軍」。

1947 年法蘭西民主聯盟（又稱「戴高樂黨」）的競選海報。

並選出戴高樂為總統，任期自一九五九年一月起，為期七年，被稱為「法國第五共和」。

從這個時候開始，政局總算穩定了下來。在第五共和的前十年，內閣更迭僅有三次，較之前第四共和不知道穩定了多少。

政局穩定之後，法國方能開始致力經濟建設。

在對外關係上，戴高樂給人最強烈的印象就是「不願唯美國是瞻」，他把二戰之後的國際關係，都視為傳統的列強鬥爭，而非意識形態的衝突。

一九六五年，戴高樂再度當選為總統，不過優勢並不明顯。

此時，國內反對戴高樂的聲浪愈來愈高，而且是來自社會好幾個不同的階層、針對不同的問題，譬如，學生反對政府花巨資研究**核子武器**而疏忽教育，工會不滿通貨膨脹以及政府對於住宅問題不夠費心，反對黨又不滿政府控制媒體，還有，全國都對戴高樂過分關注世界事務，大表不滿。

一九六八年五月，大學生突然發動暴動，很快便有一千萬工人參加示威，使得法國經濟為之癱瘓，情勢一度相當緊張。後來戴高樂在獲得軍方

核子武器——法國在一九六〇年核爆成功，成為當時第四個核子國家，前三個國家是美國、蘇聯和英國。

截至二〇二〇年為止，世界上擁有核武器的國家一共有九個，除了上述四個以外，還有中國、印度、巴基斯坦、以色列和朝鮮（北韓）。

支持，並且承諾會增加工資、保證將從事教育和勞工改革的情況之下，總算安然度過危機。隔月的選舉，戴高樂派甚至又獲勝了。

不過，翌年四月，戴高樂為展開憲法改革而舉行公民投票、想要爭取人民的信任時，卻未能成功，戴高樂遂辭職引退，一年多以後就過世了，享年八十歲。

戴高樂死後，由戴高樂派的**龐畢度**（一九一一～一九七四年）繼任，大致仍執行戴高樂路線。

此外，法國海外屬地在一九六〇年代，絕大多數皆告獨立。

●德國（西德）

二戰過後，德國被美、蘇、英、法四國所占領。一九四九年十月，蘇聯在其東部占領區成立了「德意志民主共和國」，俗稱「東德」；而在同年五月，「德意志聯邦共和國」已先成立於西部占領區，俗稱「西德」。東德的面積大約為西德的一半，人口大約為西德的三分之一。

在大戰結束之前，柏林是德國的首都，戰後屬於東德境內，不過後來又分裂成東、西柏林。西柏林孤懸於西德境外，與西德的主要交通是靠三

龐畢度——巴黎名聞遐邇的「龐畢度國立文化藝術中心」，是世界知名的前衛藝術館。在戴高樂去世那一年，龐畢度總統倡議興建一座現代藝術館，來紀念戴高樂總統，可是，由於龐畢度總統還沒等到這座極具特色的博物館竣工就病故了，於是，這座藝術館就改用龐畢度總統的名字來命名，以茲紀念。這座藝術館在一九七七年一月、龐畢度總統病故三年後正式啟用。

條「空中走廊」，也就是美、英、法三國的民航線，至於公路、鐵路、內河航運，則都為東德所控制。

一九六一年八月，東德為了防止民眾逃到西德，築了一道「鐵牆」，這就是「柏林圍牆」。在此之前，蘇聯早已在東、西德之間，建立一條貫穿德國心臟地區、長一千三百多公里的邊界。

在二戰過後，西德最大的成就，就是經濟復興，而且是被稱為「奇蹟式」的經濟復興。在戰爭期間，德國遭到了極大的破壞，有八十座城市被全毀或部分毀壞，六十萬名平民喪生，八十萬名平民殘廢，一切都陷於混亂和停擺。可是，西德的經濟在度過大戰剛剛結束那兩年（一九四五～一九四七年），最艱苦的時光之後，竟然從一九四八年就已開始逐漸好轉，再過兩年（一九五〇年）左右，工業生產就已超過了戰前的水準，到了一九五八年，

二戰後，東德控制了柏林的路面交通，封鎖西柏林，導致西柏林市民極度仰賴「空中走廊」的空運物資補給。

德意志民主共和國國旗。

西德工業的生產量甚至已經是二十年前的兩倍！

在一九六五年，西德不僅在國內沒有嚴重的失業問題，還吸引了多達一百萬名以上的「客工」，也就是來自希臘、西班牙、義大利、南斯拉夫等地的打工者，來此工作。

一九七四年，西德國民的所得平均已達五千六百多美元，對外貿易總額則超過一千五百億美元，僅次於美國，被稱為是「歐洲最成功的社會」，確實是「奇蹟式」的經濟復甦啊。

西德在一九五一年，也開始取得能夠執行其自立外交的地位，得以成立外交部，同年，西德也陸續與英國、法國和美國，正式結束戰爭狀態。翌年，西德參加「歐洲煤、鋼共同體」，再過三年（一九五五年）加入了「北大西洋公約組織」。這個組織是美國、加拿大與歐洲多數國家，為了實現防衛協作而建立的一個國際軍事集團，是美國實現超級大國領導地位的標誌，擁有大量核武器和常規部隊，是西方重要的軍事力量。

西德很快就成為西歐非常重要的一分子，不難想見，西德與東德必定處於長期對立、相互攻擊。在一九七二年十二月，東、西德更簽立了《基本條約》，西德承認東德的政權，在當時看來，德國的分裂似乎將成為定型，直到一九八九年十一月初「柏林圍牆」開放（這一年日後被視為「柏林圍牆」倒塌的一年）。

◆——蘇維埃集團

早在十九世紀中葉，法國學者托克維爾（一八〇五～一八五九年）就已經預言，未來的世界將是美、蘇之間的競爭。

蘇聯幅員遼闊，西接歐洲，南邊鄰近中東，與中國有很長的陸界，與日本隔著日本海相望，與美國亦在阿拉斯加等群島相接。蘇聯在二戰中損失慘重，軍民死亡人數高達一千五百萬至兩千萬左右，全國四分之一的財產化為烏有，一萬七千個城市和村落、三萬一千個工廠、八百座橋樑皆被毀，戰後蘇聯首先要面臨的，就是如何重振被戰爭所中斷的工業化。

不過，當然還有另外一個更重要的問題，那就是要先確定「黨的路線」。在這方面，戰後大致由史達林（一八七九～一九五三年）的親信日達諾夫（一八九六～一九四八年）所擬定，重點還在於強調馬列主義，以及繼續鼓吹蘇維埃愛國主義，包括要強調蘇聯的制度優於西方，聲稱近代科技全是蘇聯人所發明，在二戰中，蘇軍也幾乎可以說是獨力打敗了德軍等等。

蘇聯共產黨為蘇聯一切權力之根源，用種種直接或間接的方法，控制著整個國家。蘇聯共產黨的黨員數字，在一九七〇年代後期，大約為一千五百萬人，為全部人口的百分之六。共產黨最高權力機關理論上為黨代表大會，這是一個四千人以上出席的會議，但實際上在史達林時代，共產黨全為他一個人所控制，從一個例子就可以很清楚的印證這一點——在一九五二年、史達林去世前一年，蘇聯共產黨舉行黨的第十九屆大會，而上一次、第十八屆大會是在什麼時候舉行的呢？答案是在十三年前！

向外擴張是蘇聯一貫的政策，為了執行這樣的政策，二戰過後，蘇聯即積極展開對西方的思想戰，並組成一個新的宣傳武器，那就是共產黨情報局。然而，後來因為西方國家堅定的抵禦，在一九四九年又組成了「北大西洋公約組織」，蘇聯在歐洲的擴張才告停止。但是在韓戰過後，蘇聯又大肆宣傳他們支持亞洲的民族主義，而把美國與歐洲帝國主義畫上等號。

由於蘇聯的經濟形態屬於計畫經濟，既要求成長迅速，又要以重工業為優先，這就需要高度的投資，造成人民很大的經濟負擔。同時，在二戰過後，蘇聯共產黨更表示，由於受到「資本主義的敵國」所包圍，必須加緊建設與武裝。在第四次五年計畫（一九四六～一九五〇年）後，蘇聯成為世界第二工業國，還在一九四九年成功發展了原子武器。

一九五三年、史達林過世以後，蘇聯開始有了一些新的發展。繼任的領導人馬林科夫（一九〇二～一九八八年）採取了「新方針」，在經濟方面增加消費品、放寬自由限度，在政治上則是實行「集體領導」。

這一方面也是有鑒於之前史達林被奉為萬能，他甚至還為遺傳學與語言學創制了定律……既然史達林的聲望如此崇高，在他過世以後，似乎就沒有人有資格能夠接替他，成為下一任集權式的領袖。

不過，馬林科夫的任期很短，只有兩年，至一九五五年，時年六十一歲的赫魯雪夫（一八九四～一九七一年）就成為蘇聯共產黨的中心人物，掌權至七十歲被迫退休為止。

在文化方面，自史達林過世以後也有所放寬，作家獲得了比以往較多的創作自由，但因文學創作而備受批評的事，還是經常發生。

一九五七年，由帕斯捷爾納克（一八九〇～一九六〇年）所著的長篇小說《齊瓦哥醫生》出版，更是引起了軒然大波。這本小說的時間跨度前後約半個世紀，從主人翁齊瓦哥醫生的個人際遇，對二十世紀前期的俄國歷史，做了一番深刻的回顧，包括經歷的兩次革命以及兩次大戰，並且對於這段歷史進行了反思，當然也展現了戰爭的殘酷和無情。

《齊瓦哥醫生》出版之後第二年，帕斯捷爾納克便獲得該年的諾貝爾文學獎，但因受到蘇聯文壇猛烈的攻擊，被迫拒絕去領獎。兩年後，帕斯捷爾納克就過世了。

在帕斯捷爾納克獲諾貝爾文學獎的十二年後（一九七〇年），另外一位俄國重要的作家索忍尼辛（一九一八～二〇〇八年），也得了諾貝爾獎。在獲獎四年後、索忍尼辛五十六歲時，他的長篇紀實文學作品《古拉格群島》出版，裡頭揭露了一九一七至一九五六年期間，俄國祕密警察與集中營的內幕，後來索忍尼辛遭到了放逐，翌年定居美國。

索忍尼辛所著的《古拉格群島》曾被蘇聯禁止出版，直到 1989 年才得以公開發行。圖為 1989 年的版本。

俄國重要的作家，索忍尼辛。圖為 1974 年的索忍尼辛。

索忍尼辛過世以後，被譽為「俄羅斯的良心」。

一九七〇年左右，蘇聯的經濟發展不僅不夠理想，還出現了停滯的狀態。蘇聯經常得面臨國防投資與經濟成長，兩方面孰輕孰重、頗難取捨的境地。

此外，除了芬蘭、奧地利與希臘之外，二戰過後，東歐大多都為蘇聯的勢力所控制，蘇聯控制的範圍，就是西方國家所稱的「鐵幕」（關於這個詞，我們會在下一章中再做比較深入的解釋）。蘇聯控制東歐，不僅具有政治與軍事的意義，在經濟方面也獲利頗多，譬如在一九四七年，東歐諸國已經能吸收一半以上的蘇聯出口貨物，並且供應蘇聯三分之一以上的商業進口，而當年在二戰前夕，這些國家僅僅只占蘇聯對外貿易的百分之五而已，差距真不小。

第三世界

所謂「第三世界」，是指亞洲、非洲、拉丁美洲地區，新獨立以及經濟尚處在開發中的國家，這個名詞最早出現在一九五〇年代，用來形容一九五五年，在印尼參加「亞非會議」的諸國，最初的意思是想要表示，這些國家是處於西方集團與共產集團之間。

按當時的概念，「第一世界」為資本主義而工業化的國家，「第二世界」為共產主義而工業化的國家，「第三世界」則大多為落後且貧窮的國家。比方說，在一九七四年，「第三世界」已占了全世界人口的三分之二，但生產力僅占全世界的百分之六，同時，多達三分之二「第三世界」的國家，文盲率都達一半人口以上。

可想而知，這些國家的負擔都很重，必須在很短的時間之內，就完成許多先進國家經過兩個世紀的發展所達到的高度。

這些「第三世界」的國家是怎麼冒出來的呢？

在進入二十世紀以後，西方殖民主義勢力大為衰退，這種現象在二戰結束以後更為明顯。這一方面是緣於歐洲的衰落（西方殖民國家本來就是以歐洲各國為主），另一方面也是由於殖民地區民族主義的興起。

說起民族主義的發展，亞洲大約要較歐洲遲一個世紀，而非洲大致上又較亞洲要晚半個世紀。

當然，外在壓力與世界政治的影響，比方說列強之間的競爭，以及兩次世界大戰所造成的影響，都與西方殖民主義在亞、非勢力的衰退很有關係。

至於在殖民主義勢力退潮的過程中，有的是透過和平解決（譬如英國退出印度次大陸），有的是經過武力衝突（譬如荷蘭退出印尼、法國退出印度支那半島與阿爾及利亞）。

一九四五至一九六〇年、這十五年之間，是殖民主義勢力退潮、新國家誕生最為急劇的時期，世界多達四十個新國家，都是在這一時期獨立。

講到這裡，我們就要特別提一下非洲在這方面的情況。

非洲民族主義運動完成的迅速，簡直是令人驚訝，在一九五〇至一九六〇年、短短十年之間，有四分之三的非洲土地脫離了殖民統治，範圍極其廣大。這背後當然也有諸多因素，比方說，歐洲深度介入非洲事務是比較晚近的事，就是一個重要原因。

「第三世界」最能表現力量的地方，當屬「聯合國」。當年在一戰結束後，成立的「國際聯盟」時期，亞、非兩洲的會員國僅僅十個，可是在二戰結束之後成立的「聯合國」，「第三世界」的會員國就很多。在一九六一年，光是非洲國家就有三十三個，到了一九七五年，在「聯合國」一共一百四十三個會員國中，「第三世界」的會員國占了一百多個。

3 聯合國的成立

對於一個世界政府的憧憬，或者說對於國際秩序的追求，在很多不同民族的文化中都可以找到淵源。尤其是到了十九世紀末以後，各個國家都不約而同的意識到，隨著時代的進步，很多政治、經濟及社會活動，經常都是超越了國界，很難獨力處理，為了確保國際的和平與安全、促進人類的福祉，似乎只有加強國際合作一途。

於是，各種國際組織遂風起雲湧，一戰結束之後成立的「國際聯盟」，在成立之初更是一座值得大書特書的里程碑。遺憾的是，「國際聯盟」未能很好的肩負起重建國際秩序、維護世界和平的使命，一戰結束之後僅僅二十年左右，更為慘烈的二戰就爆發了。

在二戰尚未結束之際，要成立一個能夠更好發揮效能的世界性組織的想法，就已在「同盟國」之間形成了共識，這個世界性的組織便是「聯合國」。

聯合國宣言

「聯合國」一詞，最早出現在一九四二年一月，中、美、英三國在美國華盛頓所簽定的《聯合國宣言》，這個宣言重申二戰初期《**大西洋憲章**》的要點，聲言簽約國將同心協力打敗「軸心國」，絕不單獨與「軸心國」議和。

最先參加《聯合國宣言》的，一共有二十六個國家。

兩年多以後、一九四三年十月，當二戰正進行得如火如荼之際，中、美、英、蘇在莫斯科會議中宣布，要及早建立一個普遍性的國際組織；一個月後，美、英、蘇三國領袖在德黑蘭會議中，又再度重申建立此一組織的必要性。

到了二戰末期、一九四四年，在美國華府舉行的敦巴頓橡園會議中，完成了《敦巴頓橡園草案》，這就是「聯合國」的憲章。此時，有關「聯合國」組織的大致情形已告確定。

翌年二月、在二戰的尾聲，美、英、蘇三國在雅爾達會議中，達成幾項關於「聯合國」的重要決定，包括：

《大西洋憲章》——《大西洋憲章》又稱《邱吉爾－羅斯福聯合宣言》，是一份於一九四一年八月十四日，由英國首相邱吉爾（一八七四～一九六五年）與美國總統羅斯福（一八八二～一九四五年）共同簽署的聯合宣言。

1942 年，以美國、英國、蘇聯為首的二十六國，共同組成正式國際組織「聯合國」。圖為 1943 年的戰時海報，顯示「同盟國」團結一心。

所謂「大國擁有否決權」

意思就是，將來在安全理事會中，凡是實質問題都必須取得中、美、英、法、蘇，五強的一致同意。

敲定「聯合國」成立的日期

美、英、蘇三國決定，將在兩個多月以後舉行「聯合國」成立大會，同時，三國同意，只有在該年三月一日以前向「軸心國」宣戰的國家，才會受到邀請來出席成立大會，因此埃及、土耳其、沙烏地阿拉伯等國家，為了取得出席成立大會的資格，趕緊急急忙忙向「軸心國」宣戰。由於不到半年，二戰就結束了，這些宣戰遂都只是紙面上的宣戰而已。

就這樣，一九四五年四月二十五日，在美國舊金山召開了「聯合國」成立大會，有五十個國家參加，都是「同盟國」。大會進行兩個月後，通過了《聯合國憲章》，此憲章在半年以後、十月二十四日，經過半數參加國家的批准而正式成立，因此十月二十四日這天便為「聯合國日」。

敦巴頓橡園位於美國華盛頓特區，為當時舉行會議草擬聯合國憲章的場地。

根據《聯合國憲章》第一章，「聯合國」成立的目的有以下四個：

一、維持世界和平與安全。

二、依據權利平等與民族自決的原則，發展國際友好關係。

三、共同合作解決有關經濟、社會、文化或人道性質的問題。

四、成為協調各國行動的中心。

至於「聯合國」的原則，則為以下四點：

一、主權平等。

二、以誠信履行國際義務。

三、以和平方法解決一切爭端。

四、不干涉各國的內政。

關於會員國的資格，分為兩類，除了原始會員國之外，後加入的會員國必須滿足兩個條件，才會被批准加入，一為實質條件，包括必須是獨立的國家、愛好和平、

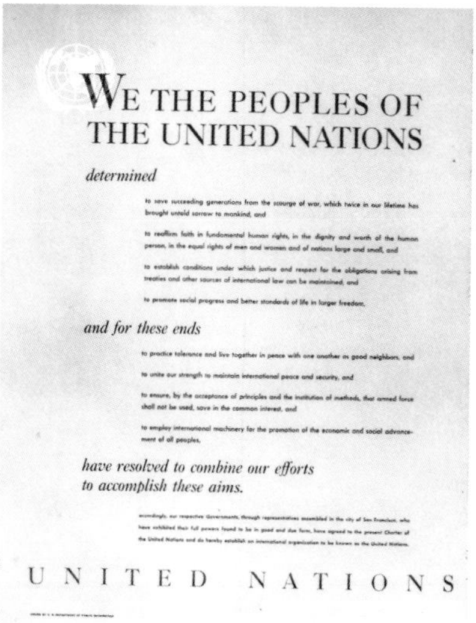

《聯合國憲章》的前言，文中申明聯合國保障基本人權、捍衛平等等信念。

聯合國的徽章。

有能力完成《聯合國憲章》所賦予的義務等等；二為形式條件，即經安全理事會推薦並經大會通過。

安全理事會是「聯合國」幾個重要機構中，最強而有力的一個，是「聯合國」的執行機關，唯一的工作便是維持世界的和平與安全，可以隨時召開會議。

此外，中、英、法、俄、西（西班牙）語文，為「聯合國」五種官方用語。至一九七三年又增加了阿拉伯語。

◆成立聯合國的利弊

對於「聯合國」的成立，當時許多人都寄予了厚望，可惜一開始便陷於「冷戰」的漩渦，不僅不能保障世界和平與安全，還成為共產國家與西方國家的角力場（關於「冷戰」，我們會在下一章中做講述），自成立七十幾年以來，似乎並不能很好的發揮最初的宗旨。

不過，也還是做了不少事，譬如先後通過《世界人權宣言》、《人權公約》、《准許殖民地獨立宣言》等等，以及安置了二戰之後，歐、亞、非三洲多達兩百萬以上的難民等等。

或許誠如「聯合國」第四任祕書長、曾擔任過奧地利總統的華德翰（一九一八～二〇〇七年），在一九七五年四月中的一次談話中所言：「『聯合國』並不完美，卻是我們唯一的希望。」

順便一提，在「聯合國」的眾多機構都無法發揮很好的作用之下，祕書長的地位就顯得特別的重要，成為「聯合國」的代表，是「聯合國」的政治首長、行政首長或外交調停者。

4 戰後區域性組織

二戰後還有一些區域性的組織，可以取代「聯合國」的部分功能，我們不妨也來了解一下。

◆什麼叫做「區域性組織」？

這是指一些國家為了促進所屬區域（譬如拉丁美洲、非洲等）的團結與統一，加強同屬這個區域之內，各國在政治、經濟、外交、防務和安全等各方面的互相合作，而組成的一種國際組織。

這種國際組織在十九世紀末就已經開始出現，不過，也面臨著和「國際聯盟」、「聯合國」同樣的困難，那就是各國總是只顧著自身的利益，很難捐棄成見、真心合作。

較早的區域組織運動，當屬「泛美會議」或「美洲國際會議」。進入十九世紀不到三十年、在一八二六年，委內瑞拉籍的拉丁美洲政治領袖玻利瓦爾（一七八三～一八三〇年），就曾倡導召開「泛美會議」，將拉丁美洲各國合為一體，可是沒有結果。四年後，玻利瓦爾就去世了，真是壯志未酬。

直到該世紀末、一八九〇年，美國與拉丁美洲各國組成「泛美聯盟」，建立「美洲共和國商業局」；二十年後（一九一〇年）更名為「美洲共和國聯盟」，目的是要促成各國經濟、文化及政治合作。

「解放者」玻利瓦爾在拉丁美洲獨立運動中舉足輕重，曾主張舉行泛美會議。

戰後美洲與其他地區的國際組織

二戰期間，這些拉丁美洲國家亦採取反對「軸心國」的共同立場。戰後兩年（一九四七年），美洲國家更共同簽定了互助條約，規定美國與各國若發生爭端，將以和平方式來解決，並且將共同抵抗外來的攻擊，只要有一個國家遭到攻擊，就會被視為是全體都受到了攻擊。

翌年，第九屆泛美會議在哥倫比亞首都波哥大舉行，決定要成立「美洲國家組織」，原始會員國為美國及二十個拉丁美洲共和國，憲章標舉著社會正義、經濟合作和人類平等的理想。

之後，這個組織在一九六二年先把古巴逐出，又在同年稍後的古巴飛彈危機中支持美國（關於「古巴飛彈危機」，我們會在第三章再做講述），在一九六四年調停了美國與巴拿馬之間，有關巴拿馬運河區的爭端。

二戰過後，還有其他一些重要的區域性國際組織，譬如：

華沙公約組織

於一九五五年成立，又稱「華沙條約組織」，這是屬於東歐的區域組織，涉及到政治、軍事和經濟層面，由蘇聯握有主導權。事實上，蘇聯在東歐所享有的優勢，更甚於美國在西半球。

非洲團結組織

於一九六三年成立，最初有三十個會員國，至一九七七年時增加為四十九個，發展得相當迅速。儘管由於非洲各國在地理上與經濟上，有很多不易團結的障礙，不過這個組織在溝通非洲國家的意見這方面，多多少少還是發揮了一點作用，包括調解發生在一九六五至一九六七年間，索馬利亞與衣索比亞、肯亞之間的邊界爭執。

拉丁美洲自由貿易協會

於一九六〇年、由阿根廷等十幾個國家共同成立的貿易協會。各國約定要在二十年之內，仿照歐洲自由貿易協會的方式，消除各國之間的貿易障礙。

另外，在一九六〇年，薩爾瓦多等五個中美洲國家成立的「中美洲共同市場」，以及在一九六九年，由智利等五國簽定的經濟協定，都是以在一九八〇年以前，消除關稅壁壘為目標。

除了以上這些區域性國際組織，二戰過後還有另一種型態，是與英國有關的

「國協」，這是由各獨立國家及其附屬地所構成。

在一九四九年以前稱為「大英國協」，原始會員國僅有英、澳、加、愛爾蘭、紐西蘭、紐芬蘭、南非等，但後來會員國陸陸續續有了不小的變動，比方說，在一九四七至一九七〇年這段期間，許多英國的殖民地在紛紛獨立之後，亦先後加入；以及紐芬蘭成為加拿大的一省，愛爾蘭於一九四九年退出，南非於一九六一年退出……經過這些變動後，到了一九七〇年代，「國協」共有三十六個會員國，其中包含美洲七國、歐洲三國、亞洲五國、非洲十四國等。

這個組織原本最大的意義，應該是在於國協優惠關稅，但自一九七三年英國加入「**歐洲共同市場**」之後，就逐漸失去了實質的意義。

歐洲共同市場——「歐洲共同市場」亦稱「歐洲共同體」，這個組織在二〇〇九年十二月、《里斯本條約》生效後就宣告廢止，其地位和職權由「歐盟」來承接。

另，二〇二〇年一月底，英國正式退出了「歐盟」，這就是俗稱的「英國脫歐」。

第二章 東西世界的對抗

從二戰結束以後，東西方世界的對抗成為現代史的主軸，
不僅是美、蘇雙巨頭的較勁，也是資本主義與共產主義陣營的對立。
這段時期在歷史上被稱為「冷戰」，世界陷入一種非常特別的氛圍……

1 冷戰的緣起

所謂「冷戰」，是指一九四七至一九九一年，這長達四十四年之間，以美國、「北大西洋公約組織」為主的資本主義陣營，與蘇聯、「華沙公約組織」為主的社會主義陣營，兩大陣營之間，一系列涉及政治、經濟和軍事上的鬥爭。

◆戰爭期間到戰後的微妙變化

在二戰期間，英、美、法、蘇等「同盟國」的結盟，被形容為是「奇異的同盟」與「不穩定的同盟」，這是因為促成大家結盟，固然有政治上、經濟上等多方面的因素，但不可諱言，當時最強烈的動機還是來自於對於共同敵人——對德、義、日等「軸心國」的恐懼。

因此，在戰爭初期「軸心國」威脅最大的時候，「同盟國」之間的凝聚力也最強；而當戰爭進入後半段，盟軍反攻、進而勝利在望時，「同盟國」彼此之間的結盟便開始慢慢削落；到了戰後更是迅速形成了對立。這一切其實都是意料中事，因為過去的歷史已經多次告訴世人，凡是出於戰爭目的的結盟，很少能夠在戰後還能繼續存在。

一九四三年，美、英、蘇三國（被稱為「三巨頭」）在德黑蘭會議上，團結氣氛還是相當濃厚的，可是到了一九四五年二月的雅爾達會議，彼此之間的關係就有些詭譎，忽而和睦、忽而緊張。半年之後，二戰結束，而在戰爭結束前一個月的波茨坦會議，大家貌合神離的態勢就已非常明顯了。

在波茨坦會議中，甚至決定今後不再舉行「三巨頭」會議，而是改由外長會議來討論戰後關於和約等諸多事務。

所謂「外長會議」，本是一個為處理戰後問題而組成的非常設國際協商機構，但至一九四九年為止，始終未取得任何重要的成果。

在戰爭期間，「同盟國」的目標很明確，也比較單一，就是要齊心協力共同

1945 年 7 月召開的波茲坦會議，「三巨頭」齊聚商討管理德國的問題，以及對日作戰的方針。前排由左至右為英國首相艾德禮伯爵、美國總統杜魯門，與蘇聯領導人史達林。

打敗「軸心國」。可是在一九四五年夏天，大戰才剛剛結束，就有一大堆重大問題需要「同盟國」來盡快處理，每一件都堪稱緊急。比方說，「同盟國」將如何「瓜分」占領區？這些占領區今後將成立什麼樣形式的政府？由哪一國來主其事（官員將由哪一國來擔任）？要不要讓占領區的人民參與戰後重建事務？如何得知這些人民真實的想法？要不要順應他們的想法？

至戰爭結束，「同盟國」一共有五十幾個國家，但其中最具分量的自然還是美國和蘇聯。儘管歐洲只是世界舞臺的一部分，可歐洲是中心部分，美、蘇兩國之間的關係將直接決定歐洲的未來，因此，這首先就牽涉到美、蘇兩大國對於戰後的歐洲，抱持著什麼樣的期望？

美國的開放市場與蘇聯的蘇維埃化

我們先來看看美國的態度。當時，大多數的美國人都認為，美國參戰只不過是有如正義的使者，不是想在戰後從歐洲謀取任何利益，因此在戰後十個月之內，美國在歐洲的軍隊人數便從三百五十萬銳減至五十萬。不過，從美國的一些聲明與行動中，其實仍可看出美國對於戰後的歐洲，當然還是有期望的，簡單來說，就是期望歐洲能夠成為一個開放且多元的世界，這同時也是美國對全世界的設想，可以說是美國堅定的價值觀，而這樣的價值觀除了關乎思想層面，也利於美國經濟的滲透。

這其實與早年，美國在中國實施的門戶開放政策極為類似，如今，美國顯然想把這種模式擴及到全世界，因此，戰後史達林所實行的閉關自守，對於美國來說，就是他們實現開放政策這個目標最大的阻礙。

說起來，美國與西歐盟國對於該如何恢復歐洲經濟的看法，也並不一致。在戰後，英、法都認為如果缺乏政府管控的力量，歐洲經濟將很難恢復到戰前的水準，美國對此卻不以為然。此外，想要恢復歐洲經濟，就必須從美國進口大量的食物與原料，因此原本稀少的美元便在歐洲貨幣市場大幅升值，後來美元在歐洲的強勢地位，一直持續到了一九六〇年代，隨著歐洲經濟的逐漸復甦才漸告終止。

而在蘇聯這方面，蘇聯因為在二戰中加入「同盟國」，一起對抗法西斯主義，扭轉了蘇聯的國際地位，但其實蘇聯在二戰中的戰爭目標，與帝俄在一戰中的目標，並沒有什麼不同，不同的只是帝俄失敗了，蘇聯卻成功了。

蘇聯在二戰期間、乃至到了一九四五年大戰的尾聲，都是將其國家安全列為優先考量，但是在戰後，蘇聯的注意力就再度回到了他們一貫的擴張政策。蘇聯的擴張有三個方向：一，西向歐洲；二，南進東地中海區域；三，東往太平洋。

在二戰過後，蘇聯想拿回過去沙皇時期的疆域，這當然很不容易，因為如果要實現此一目標，就意味著必須消滅一些在一戰後成立的獨立國家，其中最受矚目的，便是波羅的海沿岸的三個國家，分別是立陶宛、拉脫維亞與愛沙尼亞。

此外，蘇聯也積極運用宣傳、外交、宗教等手段，想在國際上、尤其是東歐，建立起一股強大的親蘇的影響力。蘇聯一向十分重視東歐，西方國家對此也早有警覺。當年在一戰過後，法國在東歐擁有很大的影響力，便團結了很多東歐國家，防止共產主義向西傳播，那個時候蘇聯在東歐是頗受到壓制的。後來，德國在東歐的勢力愈來愈大，終於取代了法國的地位，而蘇聯對德國是敵視的，這從二戰期間，東歐各國大多加入「軸心國」就可見一斑。隨著二戰逐漸接近尾聲，蘇聯決心要將東歐「蘇維埃化」，使東歐做為蘇聯對抗西方的前哨。

蘇聯除了堅持要取得波蘭與羅馬尼亞的土地之外（這些地方都是蘇聯在一九四一年以前，與納粹德國的交易所得來的），在一九四四至一九四五年間，蘇軍更假戰爭之便，在東歐廣設防地，同時，蘇聯政府還積極支持東歐各國當地的共產黨奪權。

蘇聯在東歐的進展令英國十分吃驚，英國認為必須立刻拿出應對措施，但是，在無法說服美國一起採取行動的情況之下，英國遂決定與蘇聯妥協。一九四四年十月、在盟軍已有效展開反攻之際，邱吉爾訪問蘇聯，與史達林就所謂「責任劃分」（實際上就是「勢力範圍」的劃分）達成若干協議。

在這次的會談中，其實西方只保全了希臘，約定希臘有百分之九十的土地是屬於西方的範圍，百分之十是屬於蘇聯，其他如羅馬尼亞、保加利亞大多屬於蘇聯（前者百分之九十屬於蘇聯，後者是百分之七十五屬於蘇聯），南斯拉夫和匈牙利則是雙方各占百分之五十。

在二戰末期、一九四五年二月所舉行的雅爾達會議中，關於東亞方面的問題，美、蘇兩方，也就是羅斯福與史達林，是主要的談判者。邱吉爾在確定英國可以在戰後保留包括香港在內的亞洲權利之後，便沒有再特別發表什麼意見；而在歐洲事務方面，則是以

雅爾達會議後各國領袖的合照，前排由左至右分別為英國首相邱吉爾、美國總統羅斯福與蘇聯領導人史達林。

邱吉爾與史達林為主要的談判者。

頗為諷刺的是，在二戰結束之後，蘇聯勢力席捲了東歐，還控制了巴爾幹半島，英、美兩國等於是眼睜睜的，看著蘇聯完成了當年納粹德國企圖完成的事，而那本來是英、美兩國所極力反對的事。

更糟糕的是，蘇聯竟然還把三分之一的德國蘇維埃化（為東德），使德國陷於長期的分裂。

從美國與西歐各民主國家的利益衝突顯示，在一九四五年以後，美國戰後的目標，就是建立一個開放的世界經濟，並且在此經濟體系中，讓美元成為最強勢的貨幣，便於美國企業可以在其中做最大限度的自由運作。

在二戰結束以後，美國的實力確實足以左右昔日的盟友，進而達到他們的目的。然而蘇聯也擁有強大的力量、能夠建立自己的勢力範圍，並且這個範圍還不小，這就與美國的利益形成了衝突。

畢竟，經濟衝突與意識形態上（共產主義和資本主義）的矛盾，本來就是一致的。由於美國與蘇聯在意識形態上的對立，造成雙方互相猜忌，使得敵意日益滋長，到後來雙方都相信對方是「大魔王」，企圖摧毀自己的生活方式。

比方說，自一九四五年以後，蘇聯領導人就不斷警告人民，由美國所領導的資本主義勢力，正虎視眈眈的包圍他們、想要摧毀他們，與此同時，美國人也普遍愈來愈相信，以蘇聯為首的共產陣營，一直處心積慮，想要破壞他們在世界各地所建立起來的那套可貴的自由制度……

在這樣的狀況之下，「冷戰」遂於焉登場。

2 冷戰初期的較量

在二戰過後，沒有什麼比波蘭問題，還要更能凸顯「同盟國」之間的矛盾了。

◆ 波蘭問題

在現代史中，圍繞著波蘭的邊界問題，引發了很多國際糾紛。

我們先來了解一下波蘭的地理位置。波蘭位於中歐，目前的國界若以逆時針的方向來看，是這樣的：北面瀕臨波羅的海，西邊與德國接壤，南邊與捷克和斯洛伐克為鄰，東邊與烏克蘭及白俄羅斯相連，還有東北邊則是與立陶宛和俄羅斯的土地接壤。

接著，我們再來簡單回溯一下波蘭的歷史。波蘭王國在十世紀末建立，在十六世紀下半葉、一五六九年，與立陶宛合併，成為波蘭立陶宛聯邦，成為當時的歐洲強國之一，但是從十七世紀以後便逐漸衰落。在十八世紀，波蘭的領土遭到俄羅斯、普魯士和奧地利，三個鄰近國家的瓜分，這個瓜分一共分成三個階段來進行，歷時二十三年（一七七二～一七九五年），在第三階段，還導致了波蘭的滅亡。

進入十九世紀以後，在「拿破崙戰爭」期間，波蘭曾經在法國的扶持下短暫復國，建立華沙大公國

瓜分波蘭的寓意圖畫。18 世紀時，俄羅斯的凱薩琳大帝（左）、奧地利的約瑟夫二世（中）、普魯士的腓特烈大帝（右），三國瓜分波蘭，導致了波蘭的滅亡。

（「拿破崙戰爭」是指在一八〇三至一八一五年之間爆發的各場戰爭，可說是在一七八九年法國大革命之後所引發的戰爭的延續）。

在拿破崙（一七六九～一八二一年）戰敗以後，華沙大公國再次被俄、普、奧所瓜分，直到一戰後才恢復獨立，成立資產階級共和國。

在一戰過後，當時波蘭和俄國的邊界是以「寇松線」為界。「寇松線」是由英國外交大臣寇松（一八五九～一九二五年）所提出來的，是以民族邊界線做為波蘭東部的邊界。史達林對於這樣的劃分並不滿意，從一戰過後就一直在等待修正的機會。

在二戰正式爆發前夕、一九三九年八月，對於史達林來說，機會終於來了，在德蘇簽定的祕密條款中，希特勒同意蘇聯重新界定他們在東歐的邊界。同年九月，當德軍一出兵波蘭，史達林就迅速將蘇軍移駐到東部，直逼「寇松線」。

稍後，當蘇聯又改變立場、轉為與德國為敵時，史達林要求英、美盟國，即使蘇聯現在與德國成為了敵人，但仍然希望英、美承認蘇聯在一九三九年與德國簽定的那個祕密條款，也就是要求英、美接受蘇聯從那個祕密條款中所獲得的領土。

不過，在大戰前期，只要戰爭一天不結束，英、美等國便無暇討論關於波蘭和蘇聯的國界問題。直到大戰進入後期，戰局開始扭轉，盟軍獲勝的希望升高之後，關於波蘭和蘇聯的邊界問題才開始有所討論，只是英、美等國的看法，自然無法令史達林滿意。

在領土問題的背後，還有敏感的政治問題。當史達林意識到西方盟軍將流亡倫敦的波蘭政府，視為未來合法的波蘭新政府時，非常憤慨，認為盟軍對流亡倫敦的波蘭政府太過優待和偏袒；因為在史達林看來，這些人是他的敵人。更令史達林不滿的是，在一九四五年二月、二戰進入尾聲時，美、英、蘇所舉行的雅爾達會議中，明明是約定好在戰後要建立一個「新的」波蘭政府，可是，杜魯門總統顯然是無視於這樣的約定，似乎擺明了要「重組」舊的波蘭政府。

由於參與雅爾達會議的三國首腦是美國總統羅斯福、英國首相邱吉爾和史達林，儘管兩個月後**羅斯福總統病逝**，三個多月以後**邱吉爾下臺**，但史達林認為，雅爾達會議的協議當然還是有效。然而，在戰後開始要處理波蘭問題時，繼羅斯福擔任美國總統的杜魯門卻不這麼做，這令史達林十分氣惱。

羅斯福總統病逝——一九四四年，羅斯福第四次競選總統時，杜魯門是羅斯福的搭檔，被提名為副總統候選人，同年十一月成為美國副總統。翌年四月中、就在盟軍即將打到柏林之際，時年六十三歲的羅斯福因突發腦溢血而病逝，時年六十一歲的杜魯門遂接任了總統。（三年多後，杜魯門競選連任總統成功。）

史達林認為盟軍的企圖，真是再明顯也不過，不就是想在波蘭建立一個反蘇聯的力量嗎？

史達林當然不會乖乖配合。他在波蘭新政府裡頭，安置了兩名倫敦流亡政府的成員，同時，在一九四七年一月、所謂「自由選舉」的承諾終於要兌現之前，所有稍具規模（僱員超過五十人以上）的企業都已收歸國有，此外還利用警力打壓中產階級的黨派，總之就是肆意妄為。

邱吉爾（前排右四）與他的戰時內閣。坐在他右手邊的，正是後來當選、繼位首相的艾德禮。

邱吉爾下臺——一九四五年五月七日，德國無條件投降，翌日邱吉爾便向全英國人民宣告，英國已經贏得了二戰的勝利。戰爭既已結束，戰時內閣就必須解散。五月下旬，邱吉爾辭職，並將大選定於七月初。他所屬的保守黨原本信心滿滿，相信憑著邱吉爾在戰爭中的功勞，一定會大勝，不料結果卻出人意料——儘管邱吉爾本人當選了國會議員，但保守黨卻慘敗，僅拿下一百九十七席，而工黨則拿下了三百九十三席，得以組閣，由工黨領袖、也是戰時擔任副首相的艾德禮（一八八三～一九六七年）當選首相。可見戰後因英國滿目瘡痍，工黨提出建設福利國家的目標，對人民來說有極大的吸引力。帶領英國贏得大戰的邱吉爾，就這樣被人民給拋棄了，他曾引用古希臘傳記作家普魯塔克（約四六～一二〇年）的話說：「對他們的偉大人物忘恩負義，是偉大民族的標誌。」六年之後（一九五一年）的大選，保守黨重新執政，邱吉爾再度出任首相，直至一九五五年、八十一歲高齡為止。兩度出任英國首相的邱吉爾，被公認是二十世紀最重要的政治領袖之一。一九六五年一月，邱吉爾因中風逝世，享年九十一歲。

德國問題

二戰結束以後，另一個激發「同盟國」成員之間重大矛盾的焦點，就是如何處理德國。

之前，為了擊敗強大的德國，蘇聯和美、英得以結盟，可是在盟軍獲勝以後，關於如何處理德國，大家除了在解散德國軍隊與軍備生產、將德國去納粹化方面意見一致之外，對於其他方面的議題，這幾個本來就很不相同的國家，馬上就產生了巨大的歧見。

在大戰尾聲所舉行的雅爾達會議中，美國為了盡快結束戰事、敦促蘇聯盡快加入盟軍在太平洋戰區的軍事行動（當時盟軍普遍認為，歐戰固然已勝利在望，但估計太平洋戰事仍很棘手，如果沒有蘇聯的加入，恐怕至少還要再拖上一年半載），便提供蘇聯很多非常優惠的條件，包括不惜與蘇聯達成一項祕密協定，以嚴重犧牲中國利益為代價，來交換蘇聯對日作戰（我們在卷九《現代史Ⅰ》中提到過）。

沒想到，就在雅爾達會議半年以後、也就是在歐戰結束的

納粹德國投降後，「同盟國」開始進行去納粹化行動。圖中正在拆除德國特里爾市的「阿道夫．希特勒大街」路標。

三個月以後，太平洋戰事也結束了，看似堅不可摧的日本也無條件投降了。何況在雅爾達會議閉幕之後，蘇聯還是遲遲沒有採取行動，是美國已經在日本廣島投下第一顆原子彈之後，過了兩天，蘇聯才匆匆宣布對日宣戰；隔天美國就在日本長崎投下第二顆原子彈，然後日本很快就投降了。在這種情況之下，美、英自然不樂意還要遵守雅爾達會議的諸多協議。

順便補充一下，當蘇聯對日宣戰時，日本一定很「懵」，因為日本實際上早就請蘇聯居中協調投降事宜，只是當時盟軍對此都一無所知。

總之，在一九四五年夏天、二戰徹底結束之後，不僅英國強烈反對分割中歐（在雅爾達會議時，邱吉爾就堅決反對羅斯福與史達林的分割計畫，因此雅爾達會議最後做出一個模糊的決議，宣稱戰後將會由一個統一的「盟國管理委員會」來協調美、蘇、英、法四國在德國四個占領區的政策），杜魯門總統更是在太平洋戰爭結束前夕、這年七月所舉行的波茨坦會議中，直接駁回了上回雅爾達會議的諸多決議，讓蘇聯只能從西方占領區，分取百分之二十五「非必要性」的工業設備，並且只能從蘇聯占領區之內收取現有的產品。

蘇聯當然不會接受這樣的條件，因為之前在雅爾達會議中，羅斯福曾經接受史達林的提議，要在戰後向德國求償兩百億美元，而其中半數都將歸蘇聯所有！

史達林認為，畢竟蘇聯在大戰期間的陸地戰爭中損失最為慘重，戰後得到最豐厚的賠償是理所應當，可如今，杜魯門總統以及其他西方盟國，對於雅爾達會議的協議，竟然通通都不認帳了。也就是說，關於如何讓德國賠償這個問題，讓蘇聯與西方盟國之間，產生了最直接的摩擦。

令史達林忿忿不平的是，德國大部分的資產都分布於西部，如果蘇聯只能從他們分到的東部的占領區來拿東西，那根本得不到什麼利益，於是即刻就與西方盟國展開一場暗潮洶湧的角力。

西方盟國很快就發現，他們被蘇聯刻意阻絕於蘇聯的占領區之外，完全無法得知蘇聯占領區內的情況，這麼一來，「盟國管理委員會」要怎麼協調各占領區的做法呢？

緊接著，美國也封鎖了他們的占領區，避免蘇聯會從這個區域來榨取戰爭賠償……

若細究在大戰結束以後，到底是什麼導致各占領區走向無法協調的道路，除了原本就存在的意識形態的差異之外，主要還是由於經濟目標的分歧。

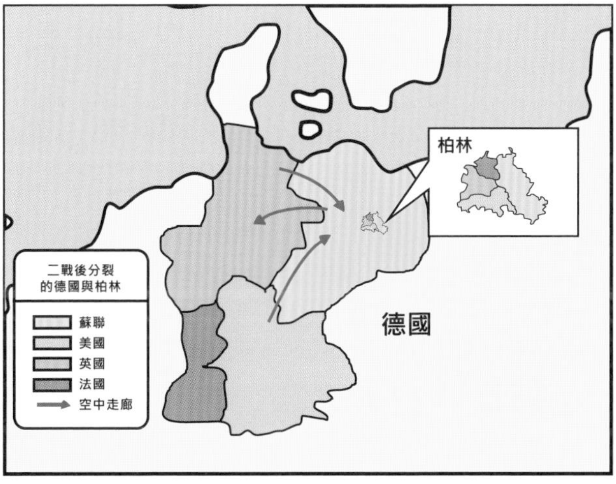

大致而言，英、美希望德國能盡速恢復正常的生產力，尤其是美國方面觀察到，經濟混亂將會助長共產黨勢力的擴張，同時，如果德國的工業一日不復甦，美國就得繼續供應德國、乃至歐洲的需求，這自然會對美國造成負擔。而蘇聯和法國則比較想藉著戰勝國的身分，來獲取德國更多的資產和勞動力，幫助他們重建家園。

最後，在盟軍陸陸續續召開了好幾次的會議，可都無法取得共識，而且西方盟國與蘇聯還不斷互相反制的情況下，德國遂走向了分裂；西部占領區在一九四九年五月建立「德意志聯邦共和國」，成為一個獨立自主的國家，是為西德；同年十月，東部占領區亦建立一個由蘇聯掌控的「德意志民主共和國」，也就是東德。

3 東西兩大陣營的形成

從二戰結束之後第二年（一九四六年）開始，在經歷了波蘭問題、德國問題等矛盾之後，西方國家與蘇維埃集團走向對立的態勢就已相當明顯，一年之後，敵對局面便正式成型。

拉開冷戰的序幕

一九四六年二月，史達林在莫斯科電臺宣稱二戰是不可避免的，因為這場大戰的罪魁禍首是資本主義制度，而這種制度講求壟斷，是有嚴重缺陷的，在這樣的情況之下，隨著資本主義制度的發展，爆發戰爭、並且還是爆發大規模的世界大戰，自然就是一個必然的結果。當時，西方國家在聽到史達林這樣的論調，普遍都大有「不知今夕是何夕」之感，因為這表示蘇聯已經回到二戰爆發前的老調，不久以前，蘇聯在二戰期間加入「同盟國」、與西方盟國並肩作戰的事，似乎已經完全船過水無痕，簡直就像從來不曾發生過似的。

三月初，已經下野、不再擔任英國首相，只是擔任反對黨領袖的邱吉爾，在美國密蘇里州一場演講中，力斥史達林有關戰爭是源於資本主義制度的說法，嚴正指出二戰實際上是可以避免的，檢討起來，都是因為在一九三〇年代，當時德國的鄰邦所採取的姑息政策、對德國一味的放任，最後才導致了這場大戰。

邱吉爾的用意是在表示，只要接下來西方國家不會重蹈覆轍、像當初姑息納粹德國那樣的姑息蘇聯，就不會爆發第三次世界大戰。邱吉爾同時也指責蘇聯的擴張政策，並且用「鐵幕」一詞來形容蘇聯和東歐社會。

其實，「鐵幕」這個詞並不是邱吉爾首創的。這個詞最早是出現在一戰過後，由當時的法國總理克里蒙梭（一八四一～一九二九年）說的，不過，世人大多都是在一九四六年三月初，從邱吉爾的演講才接觸和了解到這個詞，從此西方國家（資本主義國家）就總是用「鐵幕」來形容社會主義國家，是一種蔑稱。

直到二十世紀末，「冷戰」結束，「鐵幕」也就成了歷史名詞。

當邱吉爾在一九四六年發表這場演講時，蘇聯和西方國家的關係尚未破裂，所以後來這場演講，就被視為「冷戰」拉開序幕的標誌。

位於捷克與德國邊境的「鐵幕」遺跡。「鐵幕」除了用以形容抽象的社會主義外，也是指蘇聯當時在東歐築起的防線。

瑞典於 1923 年曾出版書籍《在俄羅斯的鐵幕背後》。

杜魯門主義

當時，美國總統杜魯門（一八八四～一九七二年）也在場聆聽了邱吉爾的演講。「冷戰」正式開始的標誌，是美國提出了「杜魯門主義」，時間是在邱吉爾發表這場著名演講的一年以後，所以，一九四七年就成為美、蘇關係轉變，最具關鍵性的一年。

「杜魯門主義」的出臺，自然也有近因，是跟英國有關。英國這年從二月下旬以來，大雪不停，是半個世紀以來最糟糕的冬天，整個工業都幾近癱瘓，這使得原本在二戰期間，就已遭到嚴重破壞的英國經濟更形惡化。於是，英國通知美國，表示英國無力再援助土耳其，也無法維持在希臘的駐軍。

從一九四五至一九四七年之間，東西雙方陣營所爭奪的三個重點地區，有兩個是通往黑海的主要國家——希臘與土耳其，還有一個是伊朗。

我們先來了解一下有關伊朗的情況。當初在二

美國總統杜魯門的肖像，攝於 1947 年左右。

戰爆發之後一年多、從一九四一年開始，蘇聯與英軍便進駐伊朗，協助伊朗抵禦德國的勢力。戰後第二年（一九四六年），蘇聯支持伊朗北部邊境的少數民族，庫德與亞塞拜然族發起獨立運動，交換條件是要跟蘇聯分享伊朗的石油。後來，當伊朗政府在英國與「聯合國」的協助下，鎮壓平息了這些暴動之後，伊朗取消了正在與蘇聯議定中的石油合約，史達林對此雖然不滿，但也決定暫時不再糾纏。

由於土耳其控制著黑海到地中海的通路，史達林向土耳其施壓，要求修改二戰期間禁止戰艦進入海峽的規定，希望能夠讓蘇聯的軍隊進入黑海。不過，土耳其在有英國這個靠山的情況下，拒絕了蘇聯這項要求。

再說希臘。在二戰期間，希臘發生了內戰，英國涉入頗深，而在內戰早期，史達林雖然並沒有大力支持希臘共產黨，但後來希臘的近鄰——南斯拉夫的共產黨卻採取積極的行動，開始提供希臘共產黨大量的協助，

希臘內戰期間，在希臘街區作戰的英國士兵。攝於 1944 年。

對此英國不可能袖手旁觀。

然而，如上所述，對於在戰後已自顧不暇的英國來說，那些遍及全球的承諾實在是莫大的負擔。一九四七年春天，疲於奔命的英國，終於做出一項重大的決定，無意再繼續承擔那些沉重的國際使命。

英國遂找到了美國，問美國願不願意接手這些國際使命，燃眉之急便是要先對希臘與土耳其伸出援手。

現在，美國需要盡快做出抉擇，是置之不理呢？還是要自告奮勇立刻接替英國，填補此一區域（東地中海區域）的軍事，使這一區域不致出現軍事真空的狀況？

還記得嗎？我們在本章第一節中曾經提到過，「南進東地中海區域」是蘇聯三個主要擴張的方向之一，因此可想而知，如果東地中海區域出現西方國家的軍事真空，蘇聯必然很快就會把這個區域納入到自己的勢力範圍。

杜魯門選擇了第二個選項，決定要立刻接替英國，使東地中海區域的軍事不會出現真空。

一九四七年三月十二日，杜魯門在致國會關於援助希臘和土耳其的咨文中表示：

「美國接到了希臘政府的緊急要求，希望我們能提供有關財政和經濟援助……

今天，希臘這個國家的生存，已受到共產黨嚴重的威脅。這段日子以來，共產黨領導的數千武裝人員，在很多地方、特別是沿著希臘北部邊境，不斷進行著恐怖活動……

很顯然，希臘如果要成為一個自立自尊的民主國家，必須要有援助，可是，現在民主希臘已經沒有別的國家可以求助了，我們過去雖然給予過某種救濟和經援，可是這還不夠……」

杜魯門表示，美國應該協助自由國家來抵抗內部少數武裝分子，或是外來壓力的威脅，因為任何國家的人民革命運動和民族解放運動，都會破壞國際和平的基礎，進而威脅到美國的安全。

比方說，如果失去了希臘，共產勢力就會立刻危及土耳其和整個中東，這不僅將對東方局勢造成嚴重的影響，而且這個影響一定會進一步波及到西方，殃及西方的民主制度。這就是「多米諾骨牌理論」的早期說法，也就是將希臘視為第一張骨牌，如果希臘倒下，最後的結局就將會是西方全盤皆輸，美國不可能獨善其身。

杜魯門指出，當今世界已經分為兩個敵對的陣營，一邊是極權政體，另一邊是自由國家，每個國家都面臨著抉擇，要在兩種不同的生活方式當中做出選擇。而美國的政策，就是要支持那些面臨危難的自由民族，這不僅符合美國的價值觀，也符合美國的利益。

因此，杜魯門要求國會立刻採取果斷的行動，撥款四億美元來援助希臘和土耳其。

這就是著名的「杜魯門主義」。

在發表這篇重要咨文的一個多月以後，杜魯門正式簽署了《援助希臘和土耳其法案》，後來根據該法案，在一九四七至一九五〇年，美國一共援助希臘和土耳其近六．六億美元。美國也提供子彈和銀彈，重新武裝和整編希臘政府的軍隊，一九四九年，美軍甚至派出軍官去指揮希臘政府軍如何作戰，解除了希臘政府的危機。

大國主義與冷戰正式成型

「杜魯門主義」在世界現代史上，有著非常重要的意義。對美國來說，這是美國外交政策上一項急劇的轉變，美國等於是公開宣稱今後要承擔起「自由世界守護者」的使命；而對蘇聯來說，「杜魯門主義」無疑是一個明明白白的威脅，擺明了是要阻止他們的擴張。

由於「杜魯門主義」實質上是干涉別的國家的內政，因此後來被視為「冷戰」正式開始的重要標誌，是二戰後「大國主義」的典型。

所謂「大國主義」，亦稱「大國沙文主義」，「沙文主義」又是指資產階級侵略性的民族主義，因此在國際關係上，「大國主義」就是指較大的國家對較小的國家，所表現出來的一種干涉，要將大國的意志強加於小國的頭上。

總之，經過一段時間的發展，在一九四七這一年，東西方陣營的敵對形式已經徹底成型。

其實在前一年，美國國務院高級官員、同時也是蘇俄問題專家的肯楠（一九〇四～二〇〇五年），已經提出了「圍堵政策（或稱「遏制政策」）」，指出蘇維埃政權有其內在的矛盾，故必須向外擴張，對此，西方國家應該站在同一陣線，堅定抵抗。

後來，美國政論評論家李普曼（一八八九～一九七四年），出版了一本叫做《冷戰：美國外交政策研究》，頗受矚目，「冷戰」一詞就更廣為人知了。

美國為防止共產擴張，採取了「圍堵政策」。圖為美國新聞署製作，向菲律賓人民宣導防共的海報。

4 馬歇爾計畫

那麼，二戰之後，美國要如何負起全球性的責任呢？

美國從一九四八年四月、二戰結束將近三年後，正式啟動「馬歇爾計畫」，並整整持續了四個財政年度之久，這是一項非常重要的舉措。

「馬歇爾計畫」的官方名稱叫做「歐洲復興計畫」，由於提出這個計畫的，是美國當時的國務卿馬歇爾（一八八〇～一九五九年），因此俗稱為「馬歇爾計畫」。

馬歇爾參加過一戰，並在二戰正式爆發那年，擔任美國陸軍參謀長。二戰期間，他是羅斯福總統相當倚賴的出謀畫策者，譬如，美國是在一九四一年十二月初、日本偷襲珍珠港之後參戰，儘管馬歇爾明知當時大多數的美國人，都把日本視為主要的敵人，但還是力主應該先攻納粹德國、再攻日本帝國，此舉堪稱「英明的決策」，對美國在二戰取得勝利有很大的貢獻。他在二戰結束那年退役，然後陸續出任美國國務卿和美國國防部部長。

馬歇爾的一生，最值得大書特書的事之一，就是提出了「馬歇爾計畫」。在這個計畫結束兩年後（一九五三年），馬歇爾榮獲諾貝爾和平獎。

什麼叫做「馬歇爾計畫」？簡單來講，這是美國在二戰過後，對西歐各國進行的一系列經濟援助、協助西歐各國進行戰後重建的計畫，對歐洲很多國家

在馬歇爾計畫之下，進行戰後重建的西柏林。

的發展，以及世界政治的格局，都產生了深遠的影響。

其實在「馬歇爾計畫」付諸實施之前、也就是在二戰剛剛結束那會兒，美國就已經開始投入大量的資金來協助歐洲重建，從一九四五至一九四七年，估計在兩年左右，就已經投入高達九十億美元的金額。美國為什麼要對歐洲這麼熱心和慷慨呢？主要是殷鑒不遠啊。

◆援助戰後歐洲的原因

想當初在二十多年前、一戰過後，歐洲的經濟也受到較大的破壞，當時美國在戰後就回到了孤立主義，不太關心歐洲的事務，結果眼看著歐洲的大衰退一直持續到一九二〇年代，然後造成了全球性的經濟低迷。因此，在二戰終於宣告結束之際，美國華府多數意見都認為，當年一戰後的歷史不應重演，遂從二戰結束這一年，就開始頗為積極的援助歐洲。只不過，這些援助大多都是以間接的方式進行，譬如由美軍出面重建當地的基礎設施、幫助難民等等，當然，還包括我們在前一節中所提到過的，協助希臘和土耳其。此外，剛剛成立不久的「聯合國」所做的一系列救濟工作，其實資金大多也都是來自於美國。

總之，從一九四五至一九四七年，無論是美國或是「聯合國」，對於歐洲諸多援助措施，雖然也都具有一定的成效，但由於缺乏整體、有系統的規畫，反而都忽視了許多歐洲重建最基本的需求。

最初，很多美國人都以為英國和法國的重建不需要太久，預料這兩個國家可以完全依靠他們的殖民地，迅速恢復經濟，不料到了一九四七年、大戰都已結束兩年左右，英、法的經濟狀況卻依然不佳。

當然，經濟不佳的不止英、法兩國，整個歐洲的情況都不太妙。在失業率不斷攀升、食品短缺（因為橫貫歐洲大陸的「鐵幕」，阻斷了西歐從東歐的糧食進口通道），以至於歐洲國家罷工不斷，有些還出現社會動蕩的情況，經濟也仍然徘徊在戰前的水平以下，幾乎看不到什麼增長的跡象。

而戰後連續不止一年的寒冬氣候，又使得經濟復甦一事更加困難。這是因為對於經濟全局來說，煤的短缺最為致命，以德國為例，數百人被凍死，就是因為當局無法供暖。英國的情況雖然沒有那麼嚴重，可是為了要滿足國內

1948 年起，美國使用在「歐洲復興計畫」援助物資上的標誌。

民用煤炭的需求，很多工業生產也不得不被迫停止。

因此，即使只是從人道主義的角度出發，美國也需要一套更有系統的援助歐洲計畫，畢竟在大戰期間，美國是唯一一個基礎設施沒有遭到明顯破壞的大國。美國一方面比大多數歐洲國家都要晚一些參戰，本土又沒有戰場，所受到的損失比較有限，經濟基礎在戰後可以說是完好無損，經濟表現也就自然還是充滿了活力。比方說，美國的工業在戰爭期間，保障了自己和盟國的軍備，戰後，這些工廠又很快就轉向民用生產發展。

如果從政治層面來看，對於美國來說，援助歐洲似乎也是很必要的。我們要注意，美國在提出「馬歇爾計畫」的時候，儘管華府很多人對蘇聯的懷疑情緒不斷上升，但「冷戰」的格局尚未成型，甚至這個計畫最初還曾考慮，要給予蘇聯及其在東歐的衛星國相同的援助。英、法兩國尤其主張，有必要邀請二戰期間的重要盟國蘇聯，參與這個計畫。而史達林對這個計畫，一開始也是表現出「謹慎的興趣」，還派遣外交部長到巴黎參與過相關會議。但後來因為美國還是擔心蘇聯會藉這個機會，恢復和發展他們的實力，因此對蘇聯提出很多苛刻的條款，最終使得蘇聯及其在東歐的衛星國，都被排除在援助範圍之外。

不久，蘇聯就推出一個在東歐地區的替代計畫，這就是著名的「莫洛托夫計畫」，主要包括了蘇聯對於東歐國家的經濟援助，以及發展東歐國家對蘇聯的貿易，也就是日後「經濟互助委員會」的雛形。

◆馬歇爾計畫的成效與後續影響

一九四七年七月，在一個由歐洲各國普遍參加的會議上，歐洲復興計畫被正式提出。接下來，歐洲各國先行討論，在各方達成一致意見之後，將一份重建計畫草案遞交給美國華府。在這份草案中，歐洲各國提出的援助總額是兩百二十億美元，杜魯門總統將這個數字削減到一百七十億美元以後，將草案提交給國會批准。

不出所料，在國會內部自然遭到了激烈的反對，反對者無非還是想走孤立主義的路線，認為不應該拿這麼多美國納稅人的錢去援助外國。不過，當翌年（一九四八年）二月，捷克斯洛伐克爆發了革命，捷克共產黨進而控制了政權之後，基於反對共產主義，所有之前反對援助歐洲計畫的聲音，遂迅速消失。

隨後不久，在民主黨與共和黨兩黨通力合作支持之下，國會通過了相關議案，在最後通過的國會批准計畫中，援助歐洲的總額是一百三十五億美元，為期四年。在這段時期之內，西歐各國通過參加歐洲「經濟合作與發展組織」，向美國進行包括金融、技術、設備等各種形式的援助，總計一百三十一．五億美元，其中百分之九十是贈予，只有百分之十是貸款。

「馬歇爾計畫」在一九五一年宣告結束，但此後美國對歐洲國家其他形式的援助，始終沒有停止過。

從一九四八至一九五二年，是歐洲歷史上經濟發展最快的時期，工業生產增長了百分之三十五，農業生產實際上已經超過了二戰前的水平，戰後前幾年的貧窮和飢餓已經不復存在，緊接著西歐經濟開始了長達二十年的空前發展。

雖然有些歷史學家認為，對於「馬歇爾計畫」的正面作用不應過分誇大，也就是說西歐在二戰後的經濟奇蹟，並非只是「馬歇爾計畫」的功勞，因為其中得益於「馬歇爾計畫」的比重到底有多少，實在是很難估算。但一般而言，世人還是普遍認為這個計畫，確實是加速了西方經濟的復甦和發展，只是，似乎也不能說是啟動歐洲經濟騰飛唯一的關鍵罷了。

應該這麼說，「馬歇爾計畫」有力的促進了歐洲「**經濟一體化**」進程，整體成效還是備受肯定的。比方說，這個計畫消除、或至少減弱了過去長期存在於西歐各國之間的關稅和貿易壁壘，同時使得西歐各國的經濟聯繫日趨緊密，然後最終走向一體化。

說「馬歇爾計畫」促進了西歐各國經濟的恢復及一體化，應該並不誇張。在這個計畫鄰近結束的時候，西歐各國，除了德國（包括西德和東德），絕大多數參與國家的國民經濟，都已恢復到了戰前的水平。然後在接下來的二十多年裡，整個西歐經歷了前所未有的高速發展時期，社會經濟呈現出一派繁榮的景象。

當然，在促使西歐各國系統化的學習，和適應所謂「美國經驗」的同時，美國也自然而然開始掌控西歐經濟和政治格局。也就是說，「馬歇爾計畫」造成的政治影響，並不亞於其在經濟上的影響，有不少學者甚至都認為，如果從東西方關係的角度來看，「馬歇爾計畫」實際上可以說是走向「冷戰」的最後一步。

經濟一體化——「經濟一體化」的意涵，有狹義和廣義之分。狹義的「經濟一體化」是指在某區域之內，兩個以上的國家或地區，能夠消除彼此之間阻礙經濟貿易發展的障礙，實現這個區域內互利互惠，最終使這個區域形成一個政治經濟高度協調統一，彷彿成為一個有機體的過程；而廣義的「經濟一體化」，則是指世界各國在經濟這方面，都能彼此開放，形成一個相互聯繫、相互依賴的有機體。

5 分裂的歐洲

從二戰結束之後至一九四九年，東西方正式分裂成兩大陣營，歐洲也就這樣一分為二。

在決定要負起全球性的責任之後，美國除了執行「馬歇爾計畫」來協助西歐經濟復興，還有一件重要的舉措，那就是在一九四六至一九六七年、這二十一年之間，先後與全球四十六個國家訂立了防衛條約，其中最重要的有——防禦西半球的《里約熱內盧公約》、防禦西歐的「北大西洋公約組織」，以及防禦澳大利亞和紐西蘭的《太平洋安全協定》等等。

與此同時，美國也在不少國家擁有軍事基地，並提供軍援。譬如，從一九四六至一九六五年、這十九年之間，美國對外援助超過一千億美元，其中三百六十億為軍援。

為了與美國對抗，蘇聯也主導成立了一些對抗性的組織（就像「經濟互助委員會」是為了對抗「馬歇爾計畫」一樣），在軍事方面

北大西洋公約組織的旗幟。

華沙公約組織的標誌。華沙公約組織於 1991 年解散，不少原會員國都改加入了北大西洋公約組織。

其中最著名的，就是於一九五五年成立的「華沙公約組織」，會員國包括蘇聯、保加利亞、捷克、東德、匈牙利、波蘭及羅馬尼亞。

「華沙公約組織」成立的時間比「北大西洋公約組織」要晚六年（「北大西洋公約組織」成立於一九四九年），主要目的就是為了要與「北大西洋公約組織」相抗衡，而「北大西洋公約組織」的成立，自然也有其特定的背景。

◆兩大對立組織形成的時間軸

關於這兩大組織，我們不妨把幾個重要的時間點再梳理一下：

一九四七年春天，英國將肩上原有的國際責任移轉給美國。

一九四七年三月中，美國杜魯門總統對國會發表咨文，揭示美國外交政策的新原則，要求國會通過緊急預算，撥款援助希臘和土耳其（「杜魯門主義」問世）。儘管這筆緊急預算只提供做為援助希臘和土耳其之用，但「杜魯門主義者」卻公開宣稱，美國今後將介入、並協助全世界所有受到共產主義威脅的地區。

一九四七年六月時，美國國務卿馬歇爾提出要對歐洲實施經濟援助，美國表示此舉是要「使世界經濟恢復正常運作，以便營造出自由企業制度得以存在的政治社會條件」。不過，在蘇聯看來，美國顯然是想要將接受援助的歐洲各國，都納入至美國的經濟範圍之內，這自然是蘇聯所不樂見。因此當捷克斯洛伐克同意要加入「馬歇爾計畫」，而波蘭與匈牙利也都表示對「馬歇爾計畫」很有興趣時，蘇聯就立刻出手制止他們。這麼一來，雖然「馬歇爾計畫」的援助對象最初是設定整個歐洲，但後來所有的金援全部都流向了西歐。

一九四七年七月，「馬歇爾計畫」正式啟動。

現在來到一九四八年二月、在二戰結束兩年半之後，捷克共產黨發動政變，是為「布拉格政變」（布拉格是捷克的首都），這讓西方確信，史達林擴張國土的野心，恐怕是永遠也無法滿足的。

同年夏天，匈牙利也完全赤化。六月，蘇聯又開始封鎖柏林，於是，西方國家遂開始組成軍事聯盟，合力對抗蘇聯。由十二個國家所組成的「北大西洋公約組織」，就是在這樣的情況之下成立，成立於一九四九年八月下旬。

而在半年以前、一九四九年一月初，由蘇聯主導、為了抗衡「馬歇爾計畫」的「經濟互助委員會」成立。

然後在六年後、一九五五年，「華沙公約組織」成立，與「北大西洋公約組織」

相抗衡。

此後，歐洲就一分為二，成為美、蘇兩大強權角力的戰場。

6 從史達林到赫魯雪夫的蘇聯

「冷戰」曠日持久，從一九四七年一直到一九九一年，長達近半個世紀。這一章我們講述了很多在「冷戰」初期和前期的世界大事，其他重要內容，我們會在下面的篇章繼續講述。而在結束這一章之前，讓我們來了解一下蘇聯從史達林到赫魯雪夫，有哪些重要的轉變，蘇聯在二戰結束後，對東歐又是實施怎樣的控制。

◆ 對東歐擴大控制

在二戰期間，由於蘇聯政府專注於戰事，使得有些意識形態自然而然得到了一些鬆綁，因而不少人都樂觀的預期，等到戰爭結束以後，蘇聯原本封鎖十分嚴密的社會應該會放鬆一些，然而，結果卻剛好相反。戰後，蘇維埃政權立即就發現，戰時那些鬆綁，對於他們崇尚的正統思想來說，是一種深具破壞力的威脅，因此，史達林在戰後的重建策略，才會把「加強人民的正統思想」視為頭等大事。

之後，隨著「冷戰」日漸升高的緊張局勢，蘇維埃政權的神經自然就繃得更緊。史達林堅信西方有侵略蘇聯的意圖，這種信念促使很多學者都認為，這正好非常明顯的表現出史達林性格上的諸多特質，包括強烈的控制慾、對於支配權力的渴望，以及具有偏執狂般的猜疑性格。在史達林執政的最後幾年裡，蘇聯人民不僅受到嚴酷的壓制，還時時活在戰爭的陰影之下，意思是說，大家都預期過不了不久還會發生戰爭，日子過得既辛苦又壓抑。

在進入二戰尾聲、自一九四五年以後，對於那些居住在**易北河**東邊的人們來說，生活中最大的變化就是蘇聯的出現。

緊接著，有兩百師的蘇聯軍隊占領了東歐。二戰使蘇聯取代了德國在東歐的地位，西方盟國儘管也都很想取得對東歐事務的發言權，但都並未實際占有這個區域，也不準備要在軍事上或精神上挑戰蘇維埃世界。總之，最後除了奧地利之外，共產黨政權嚴格控制了蘇聯軍

易北河——易北河是中歐主要航運水道之一，發源於捷克與波蘭兩國邊境附近的克爾科諾謝山南麓，全長一千一百多公里，大約三分之一流經捷克，三分之二流經德國。一九四五年四月二十五日，一支美軍偵察隊與一隊蘇軍，在易北河邊某處不期而遇，這就是二戰中著名的「易北河會師」。原本在東西兩線並肩作戰的盟軍一會合，就將納粹德國攔腰截成兩段，成為象徵納粹德國即將滅亡、最廣為人知的事件之一。

隊在一九四四至一九四五年間，曾經入侵的中歐和東歐國家，包括波蘭、捷克斯洛伐克、匈牙利、羅馬尼亞、保加利亞、南斯拉夫、阿爾巴尼亞和東德（一九四九年以後改名為「德意志民主共和國」）。

其實，史達林也並沒有在一開始，就在這些地方建立由共產黨一黨專政的政權，直到一九四七年末或一九四八年初，他都仍然允許非共產黨員和當地的共產黨員共同執政，但西方議會政治，終究都無法在這些中歐和東歐國家開花結果。

這些地區的人口一共有九千萬人，幾乎是蘇聯總人口數的一半，他們完全依附在蘇聯的經濟、政治和軍事體系之下，蘇聯將這些國家稱為「人民民主國」，西方國家則稱之為是「蘇聯的附庸國」。

史達林對待這些中歐和東歐國家的態度並不一致，蘇聯嚴密控制的大部分都是與蘇聯接壤的國家，譬如波蘭、羅馬尼亞與保加利亞。

這也就是為什麼在二戰一結束，蘇聯與西方盟國之間會為了波蘭問題而劍拔弩張，因為波蘭就是與蘇聯接壤、又被視為是「鎖住德國之鑰」的地區。後來，經過一番政治角力之後，波蘭政府在實質上變成了蘇聯的附庸政府。

蘇聯也下定決心，要貫徹對於羅馬尼亞的控制，因為羅馬尼亞不但是緊鄰蘇聯國境的重要國家，也是在一九四一年以武力侵略烏克蘭的國家。後來，雖然蘇聯奪走了羅馬尼亞的東方與北方領土，但羅馬尼亞也在蘇聯的指示下，從匈牙利手中收復了**外西凡尼亞**。羅馬尼亞始終都很需要蘇聯的支持。

從蘇聯的角度來看，保加利亞的情況最單純。保加利亞這個國家是由小農場主所組成，在語言、文化和宗教上，都與俄國相當類似，至少在過去沙俄時代，保加利亞就與俄國有很強的情感聯結。因此在戰後，一九四五年十一月，那場重要的選舉中，屬於共產黨的政治聯盟「祖國陣線」，以壓倒性的勝利取代了原本的君主政體。

對於那些比較不具戰略重要性的國家，譬如捷克斯洛伐克和匈牙利，蘇聯對他們的控制就是比較鬆散的，而這些國家似乎也並不排斥蘇聯。

以捷克斯洛伐克為例。東歐國家大部分都是農業國，捷克斯洛伐克卻擁有一定程度的工業，這意味著擁有一定數量的中產階級與勞動階級。捷克斯洛伐克也是在兩次世界大戰之間，具有政治民主經驗的國家，同時又是在二戰前就擁有大規模本土共產黨的東歐國家。在二戰結束以後，貝內什總統（一八八四～一九四八年）掌權的政體是一個社會民主政體，一方面想與蘇聯保持密切的外交關係，一方面又想利用國內的政治自由主義來執政。

早在二戰期間、一九四三年底，流亡於倫敦的貝內什總統就曾訪問莫斯科，

外西凡尼亞——外西凡尼亞現在是羅馬尼亞所屬的一個地區，位於羅馬尼亞的西部，靠近匈牙利，居民大多是匈牙利族和德意志族，傳說是「吸血伯爵德古拉」的故鄉。

與史達林締結同盟條約與戰後合作協定，他向史達林保證，戰後捷克斯洛伐克政府所有重要的議題，都將以蘇聯馬首是瞻。

儘管後來蘇聯在東歐的勢力之大，遠遠超過貝內什在一九四三年底那時的想像（事實上應該說是超乎所有人的想像），但貝內什政權仍是一個嘗試，想了解一個比較開放和多元的政權，是否有可能自願與蘇聯合作，成為蘇聯一個友善、但又非共產主義的鄰國。

不料，到了一九四八年二月，蘇聯竟然接管了捷克斯洛伐克，不少學者都認為，事情的轉折點，就是美國在大半年前、一九四七年六月宣布的「馬歇爾計畫」，因為在「馬歇爾計畫」宣布之後，捷克斯洛伐克、波蘭與匈牙利都躍躍欲試，對這個計畫表示出高度的興趣。一九四八年二月的「布拉格政變」，可以說是蘇聯先發制人，為了防止捷克斯洛伐克滑向西方勢力範圍所採取的行動。

後史達林時期的改變

一九五三年一月，九名猶太醫師因被控謀殺蘇聯軍官而被補，就在一場腥風血雨的清算即將在蘇聯境內展開時，兩個月後，權勢超過歷代沙皇的史達林死於中風，享年七十五歲。

史達林去世，在東歐立刻引起一連串爆炸性的反應。

首先，不少「人民民主國」、亦即西方國家眼中的「蘇聯的附庸國」，都發生了嚴重的動亂。最嚴重的騷亂發生在東柏林，後來演變成慘烈的流血事件，叛亂才終告平息。

由於這些動亂，以及為了附和蘇聯境內，由史達林繼任者馬林科夫所宣布的，要提高消費商品的承諾，大部分的「人民民主國」都宣布了要朝「放鬆壓制」這個方向邁進的新方針。其中，匈牙利總理納吉（一八九六～一九五八年）所採取的策略，是蘇維埃集團中最寬鬆、也最能適應國家情況的社會主義政策，比方說，宣布停止土地集體化、解散某些集體式農場（為了供應蘇聯重建的經濟需求，從一九四八年以後，東歐各國就不得不忽視農民的激烈抗議，而強制實施小農場集體化）。

納吉主張匈牙利必須找到屬於他們自己的社會主義道路，因此有不少措施，包括放寬警察的管控，使首都布達佩斯成為東歐各首都中，言論最自由的地方。

不過，納吉擔任總理的時間只有短短兩年，和他的偶像馬林科夫一樣；當馬林科夫在蘇聯一垮臺，納吉也就被趕下了臺。

一九五六年二月，赫魯雪夫在一場祕密會議中，發表了一些反史達林的言論。這應該是俄國現代史上，少數極具影響力的演講之一。儘管在場每個人，之前都多多少少知道一些關於史達林的暴行（譬如從一九三四至一九三八年，由史達林所主導的「大清洗」，有多達一百三十萬人被判刑，其中逾六十八萬人遭到殺害），但之前還沒什麼人知道全貌，如今從參與這些暴行的赫魯雪夫口中說出來，自然令人震驚。

這場演講的內容很快就外洩，然後在整個蘇聯都激起了濃濃的不安與懷疑的氣氛，也震撼了蘇聯在東歐的附庸政權與外國共產黨之間的權威。

也許你會覺得奇怪，既然赫魯雪夫參與了那些暴行，也曾經忠實的執行過史達林的指示，他怎麼還能夠利用「告發史達林」來動搖整個蘇聯呢？大部分的學者都認為，赫魯雪夫是試圖藉由指責史達林對他們的禍害，來敗壞那些保守派同僚的名聲，並藉此鞏固他自己的勢力。

赫魯雪夫出身於貧戶，一直到二十多歲都還是一個文盲，純粹是靠著自己的智慧以及人格特質闖出一番名堂。他真正發跡是在四十四歲，當時是二戰爆發前夕（一九三八年），他擔任烏克蘭地區共產黨的領袖。後來在二戰期間，他比大部分的蘇維埃領袖，都要更親近一般士兵和人民。

一九五三年，時年五十九歲的赫魯雪夫接任史達林的舊職，成為黨書記，並在三年後，發表了那場嚴厲指責史達林罪行的演講。

赫魯雪夫可以說是先從根本上否定了史達林，然後便開始實施一系列「去史達林化」的政策，包括為「大清洗」中的受害者平反、文藝創作獲得「解凍」等等，在他主政時期，蘇聯各個領域均大為活化，同時，赫魯雪夫積極推行農業改革，使蘇聯的民生經濟也得到了改善。

直到戈巴契夫（生於一九三一年）上臺為止，赫魯雪夫都是一位最引人注目的「史達林繼任者」。

第三章　二戰後三十年之內的世界大事

在這一章，我們將按時間先後順序，
講述好幾件發生在二戰結束三十年之內的大事，
涉及到亞洲、美洲和歐洲。
現在讓我們先從亞洲開始說起……

1 新中國的建立

一九四九年十月一日，毛澤東（一八九三～一九七六年）在北京天安門廣場，向全世界宣布中華人民共和國（也就是新中國）正式成立。這不僅是亞洲、也是全世界的一件大事，開國領袖毛澤東，也成為世界現代史中極其重要的人物之一。

在這一節中，我們要講述的重點放在國共內戰，尤其是自二戰結束之後至一九四九年、這四年左右的歷史。

國共內戰形成的背景

二戰一結束，中國還無暇享受和平，便迎來了激烈的國共內戰。首先促使雙方矛盾尖銳化的問題，便是在日本戰敗以後，在中國境內的日軍要如何投降。

中共的軍事力量，在中日抗戰期間得到了長足的發展，戰後自然極力想要保有在對日戰爭期間所獲得的一切成果，包括所拿到的所有地盤；而對中華民國政

毛澤東在天安門廣場上宣布中華人民共和國正式成立。

府來說，當然是希望能夠盡快遏制中共的發展，最好是趕快將中共消滅。雙方的立場南轅北撤、完全相反，絲毫沒有溝通的餘地，更沒有取得共識的可能。

一九四五年八月中，隨著日本的無條件投降，國、共立刻動作一致，都搶著要接收日本占領區，以及日軍的裝備和武器。

日軍如何投降？要向國、共哪一方投降？成為國、共之間戰後第一個爭執的焦點。

中共要求解放區內所有的日軍均要向其投降，這麼一來，華中一部分與華北大部分，甚至已被蘇聯軍隊占領的東北地區，就都將由中共來接收（一九四五年八月初，蘇聯在日本挨了美國第一顆原子彈的兩天之後對日宣戰，然後立刻就侵入中國戰區的東北）。國民政府當然是堅決反對這樣的方案，於是二戰期間中國戰區的最高統帥蔣中正（一八八七～一九七五年），遂轉而尋求日本方面的合作，要求各地日軍只向國軍投降。

國、共雙方為了受降問題僵持不下，為了解決這個問題，在日本無條件投降半個月之後，毛澤東專程從延安飛抵重慶，與國民政府談判，這一談就是一個多月，終於在十月十日簽下《雙十協定》。

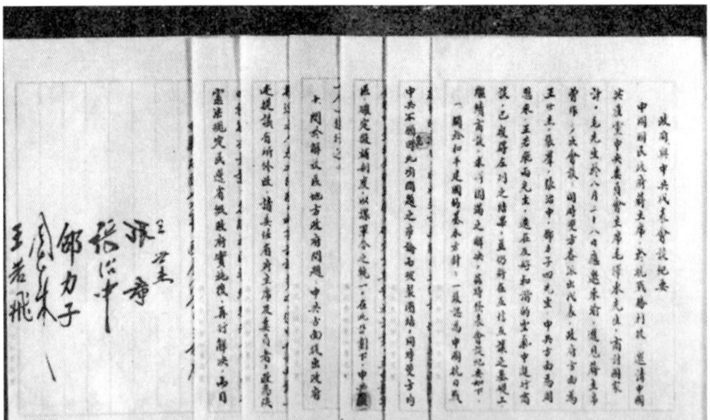

《雙十協定》，全稱為《政府與中共代表會談紀要》，是戰後國、共雙方試圖要解決受降問題，以及終結內戰狀態而簽下的協議。圖為影本。

但是協定的內容很空洞，僅僅只是雙方同意召開政治協商會議，並強調將延攬具公信力的社會賢達參與，來討論具體解決的辦法。

這項協定的內容之所以會如此空洞，自然是因為雙方缺乏互信基礎，目標又相左，結果，國、共雙方代表才剛剛離開談判桌，內戰就開始了——一支前往河北的國軍接收部隊，遭到了共軍的襲擊。

◆兩方軍隊開始對峙

共軍截斷了華北主要的鐵路線，不准國軍利用鐵路來運送士兵，還猛攻此時仍由日軍占領的各大城市（因為此時尚未完成受降）。很快的，河北、山東、山西、蘇北等地的人民，好不容易才剛剛盼到八年對日抗戰終於結束，卻又紛紛陷入了戰火。

為了盡快搶占日軍占領區，蔣中正除了下令各路國軍要盡速向東推進之外，還借助美國空軍、海軍的運輸力量，向日軍控制下的各大城市運送部隊。由於共軍在長江流域以南的勢力遠較華北為弱，因此，國軍不久就恢復了對華東和華南的控制。然而蘇北、河南、河北、山東和山西的大部分，都早已被中共所控制，後來即使國軍接收了**北平**、天津、太原、開封等幾個大城市，可是在共軍的重重

北平——「北平」一詞最早源於兩千多年以前的戰國時代。一九二八年（民國十七年），中華民國政府設立北平特別市，簡稱「北平」。在對日抗戰期間，日偽政府將北平特別市改為「北京市」，後來在日本戰敗以後，恢復原名北平市。至一九四九年九月底，新中國決議要將首都設於北平市，同時更名為「北京市」。

包圍之下，這些城市也形同孤城。

除了要設法對付共軍，國民政府還得面對二戰結束之後，蘇聯軍隊在東北拒不撤軍的問題。史達林考慮到日本既已戰敗、隨即被美國占領，中華民國政府又明顯的十分親美，因此，蘇聯就很有必要在中、蘇之間構築一道屏障，來保護蘇聯本土的安全；在史達林眼裡的屏障，就是中國的東北。

國民政府幾經交涉，甚至忍氣吞聲簽署了讓蘇聯占盡便宜的**《中蘇友好同盟條約》**，至一九四六年三月中、二戰結束後七個月，蘇軍在大量搜刮了日本所留下來的大批物資及工業設備之後，總算開始撤離東

1945 年，中、蘇代表簽署《中蘇友好同盟條約》。這個條約的本質是不平等的，同時，也因為這個條約使外蒙古獨立。

《中蘇友好同盟條約》——

一九四五年五月、在二戰太平洋戰事即將結束前夕，蔣中正才從美國大使那兒得知，英、美、蘇在這年二月簽定了《雅爾達密約》，此約至今仍然很有爭議，因為其中嚴重傷害了中國在外蒙的主權，以及在東北的正當權益。

可是，為了解決戰後許多後續的問題，並且希望取得蘇聯對國民政府善意的回應，國民政府只得於八月十四日、日本無條件投降的前一日，同意簽署《中蘇友好同盟條約》，使蘇聯得到《雅爾達密約》中，有關中國東北的利益。

北了。可是，在史達林的支持下，從二戰晚期一直到蘇軍撤離東北為止，這段期間已經有總數接近五十萬的共軍，陸陸續續進入了東北，號稱「東北民主聯軍」，由林彪（一九〇七～一九七一年）擔任總司令。

蘇軍一開始撤軍，國軍就在美軍艦隊和飛機的運送下，趕緊將二十八萬部隊送進東北。國軍的人數雖然比共軍要少得多，但擁有的都是美式裝備，戰鬥力比較強，隨著蘇軍北撤，國軍立即進駐瀋陽，並且朝著北邊進攻共軍的占領地。五月中旬，國軍在與共軍經過幾番激烈的戰鬥之後獲勝，繼續往北推進，進入長春。然而，長春以北的大部分東北地區，已經早就全部都在共軍的控制之下，國軍到了長春以後，由於補給困難，無力再繼續挺進。

還有一件事也非常關鍵，不能不提。二戰過後，由於國民政府沒能妥善處理好淪陷區內，包括**貨幣問題**在內的諸多問題，造成人民很多損失及困擾。不少偽軍甚至由於沒有被政府收編，而乾脆投共，這些都是國共內戰中，形勢之所以漸漸轉為對國軍不利的因素。

貨幣問題——在戰爭期間，在日本支持的汪精衛（一八八三～一九四四年）偽政權命令下，老百姓被迫以二比一的比率兌換偽幣。戰後，政府又要求老百姓以兩百比一的比率，將偽幣再兌換回來，這就造成人民在經濟上很大的損失，自然引起人民對政府的不滿。

在對日抗戰期間，汪精衛被日本扶持建立政權，被國民政府稱為「偽政權」。

美國介入調停失敗

美國極不樂見二戰才剛結束，中國就爆發內戰，於是在一九四五年十二月、二戰結束四個月左右，杜魯門總統派遣二戰期間美軍參謀首長馬歇爾將軍來到中國（就是提出「馬歇爾計畫」的那位國務卿，只不過此時他還沒有擔任國務卿），主持國、共調停，並發表美國對中國政策的五個原則。其中第一項便是要求國、共停戰，並召集全國具代表性的公正人士，一起商談如何政治統一。其他還包括：要求共軍改編為國軍，以及承諾只要國、共停戰，美國願意提供中國軍事援助，並協助中國從事建設、改善經濟等等。

馬歇爾在中國一年多，至一九四七年一月，眼看調停不成，決定放棄，啟程返美。臨行前，他發表對中國局勢聲明，認為國、

美國的陸軍五星上將馬歇爾，曾為了調停國共衝突而出使中國。圖中由左至右依序為國民政府代表張群、馬歇爾、中共代表周恩來，三人被稱為「三人小組」。

共兩黨之間的猜忌太深，此時實力較強的國民政府反對一切聯合政府的可能，而共產黨為了推翻國民政府又無所不用其極。馬歇爾認為國、共雙方無法合作，是中國和平最大的障礙。

馬歇爾返美之後，隨後就出任美國的國務卿。而在他離開中國之後，國共內戰便全面爆發。

◆內戰的爆發與結果

國民政府自恃有三百萬國軍，打算採取硬碰硬的方式，徹底消滅共軍。然而共軍立足於農村，擁有比國軍更機動的補給系統以及游擊戰術，再加上國民政府內部確實存在著諸多問題，一連串不當的戰後舉措，又造成老百姓離心離德，導致國軍在戰場上一再失利。

自共軍渡江（渡過長江）以後，只花了十一個月，便占領了整個中國大陸，最後國軍竟然全盤棄守中國大陸，撤退至臺灣。

此後，中華民國政府所統治的區域就僅剩下臺灣、澎湖，以及中國大陸東南沿海的一些零星島嶼，而中華人民共和國則就此建立，改以西元紀年。

2 韓戰爆發

二戰結束五年後、二十世紀五〇年代，韓戰（又稱「朝鮮戰爭」）爆發。

這原本是一場發生在亞洲的戰爭，屬於爆發於朝鮮半島的軍事衝突，也可以說是朝鮮半島上南、北雙方的民族內戰，可後來由於美國、中國、蘇聯等，好幾個國家都不同程度的捲入，遂演變成一場國際性的局部戰爭。這場戰爭，韓國（或南韓）稱做「韓國戰爭」、朝鮮（或北韓）稱為「祖國解放戰爭」、東南亞各國稱為「韓戰」、美國稱為「韓戰」或「韓國衝突」，中國則稱做「抗美援朝」。

「抗美援朝」的宣傳海報。當時已由共產黨全面統治的中國，在韓戰期間支援同為共產政權的朝鮮。

◆失去平衡的三十八度線

要講述韓戰，首先就要提一個關鍵詞——「三十八度線」。這是指朝鮮半島上，北緯三十八度附近的一條軍事分界線。

在二戰末期，「同盟國」協議以朝鮮半島上北緯三十八度線，做為美、蘇兩國對日軍事行動、以及受降範圍的暫時分界線，在北緯三十八度線以北為蘇軍受降區，以南則為美軍受降區。後來，在日本投降後，美、蘇軍隊就分別進駐「三十八度線」南、北地區，至二戰結束三年後、一九四八年八月和九月，朝鮮民族在朝鮮半島就形成兩個不同的政治體制，分別是大韓民國（南朝鮮或南韓）、和朝鮮民主主義人民共和國（北朝鮮或北韓），這兩個政權的臨時分界線，通稱為「三十八度線」。

朝鮮半島國土和民族的分裂，造成「三十八度線」兩側交通、電訊和人員物資的交流被切斷。

緊接著，到了十月份，蘇聯把「三十八度線」以北的行政權移交給北朝鮮人民；十二月，蘇軍全部撤離。半年以後、一九四九年中，美軍也宣布從朝鮮半島南部撤軍，但留下了文官和軍事顧問團。

可是，在美軍尚未撤離朝鮮半島之前，從這年（一九四九年）年初開始，一直到翌年六月，在一年半的時間之內，朝、韓雙方在「三十八度線」附近一共發生了大大小小、超過兩千起的糾紛，而且動輒就是武力相向，這種糾紛不斷升級的結果，終於爆發了大規模的武裝衝突。

一九五〇年六月二十五日，朝鮮得到蘇聯的默許，不宣而戰，直接跨過

「三十八度線」對大韓民國實施軍事行動，韓戰爆發，並且還不到半個月，就迅速演變至一場國際性的戰鬥。

同年七月七日，「聯合國」安理會就通過決議，派遣「聯合國軍」去支援韓國，抵禦朝鮮的進攻。八月中旬，來勢洶洶的朝鮮人民軍，已經將韓軍逼退至**釜山**一隅，攻占了韓國百分之九十的土地，首都漢城（今天的首爾）更是早已在戰爭爆發第三天就失守。韓國眼看就危在旦夕，幸好苦撐一個月後，救星來了！以美軍為首的「聯合國軍」在**仁川**登陸，展開大規模的反攻。

聯合國軍的總司令是美國著名的軍事家麥克阿瑟（一八八〇 一九六四年），他參與過兩次世界大戰，二戰時更是美國遠東軍司令、西南太平洋戰區盟軍司令。

聯合國軍的士兵來自十六個國家，有美國、英國、法國、加拿大、荷蘭、比利時、盧森堡、希臘、土耳其、紐西蘭、哥倫比亞、南非、克羅埃西亞、泰國、菲律賓和澳大利亞，所有人行動一致，全部都由麥克阿瑟來指揮，就連韓國軍隊也聽從他的調度。

除了軍隊，聯合國軍還派遣了醫療隊，成員來自瑞典、挪威、丹麥、義大利和印度。

「仁川登陸戰」是韓戰一場決定性的戰役，麥克阿瑟在戰爭爆發後第四天，

釜山——釜山位於韓國東南端，從十九世紀下半葉，即成為朝鮮半島第一大港口，目前是韓國第一大港口和第二大城市，同時也是世界上最繁忙的港口之一。

仁川——仁川位於韓國西北部，是一個濱海城市，目前是韓國第二大港口、第三大城市。

就提出了這樣的構想。當時眼看朝鮮軍隊勢如破竹，韓國軍隊節節敗退，麥克阿瑟認為唯有在敵人後方實施決定性的軍事行動，才能扭轉局勢，而只要能在仁川附近登陸，就可以切斷朝鮮軍隊的補給線，使朝鮮軍隊失去戰鬥力，從而贏得戰爭的勝利。

八月初，麥克阿瑟在東京與其他高級軍官會面，說服大家實行風險很大的仁川登陸計畫。九月中旬，仁川登陸戰展開的那天，麥克阿瑟登上旗艦「麥金利山號」親自督戰，在美、英兩國三百多艘軍艦和五百多架飛機的掩護下，美軍成功登陸了仁川，從朝鮮軍隊後方展開突襲，迅速奪回了仁川港以及附近的島嶼。十二天後，仁川登陸部隊與其他

麥克阿瑟是美國陸軍五星上將，在二戰時的大平洋戰區扮演重要的角色。韓戰時期，他負責指揮聯合國軍。圖為 1950 年，他在巡洋艦上觀察仁川灘頭的登陸情況。

部隊會合，一日之後就重奪漢城。

愈演愈烈的戰爭

仁川登陸戰之後，朝鮮半島的局勢立刻逆轉，美國的態度也不一樣了。美國最初只是想將朝鮮軍隊趕回「三十八度線」以北，可是在戰事進展得相當順利的情況之下，麥克阿瑟要求乘勝追擊，乾脆將共產主義徹底逐出整個朝鮮半島。很快的，美國參謀長聯席會議與杜魯門總統，都同意了麥克阿瑟的建議，但杜魯門總統要求，只有在中國和蘇聯都不會參戰的情況下，才可以攻擊朝鮮，然而，美軍在次日就逼近了「三十八度線」。

自仁川登陸戰之後，中國幾乎每天都在透過廣播警告美國：如果跨過「三十八度線」，中國就會出兵。在聯合國軍拿回漢城之後三天，總理周恩來（一八九八～一九七六年）發表強硬發言，表示「中國人民絕不能容忍外國的侵略，也不能聽任帝國主義對自己的鄰人肆行侵略，而置之不理」。周恩來又特地召見印度駐華大使，要他轉告美國，強調如果美軍跨過「三十八度線」，侵略朝鮮，中國不會坐視不顧。

然而，十月一日，韓國第一批部隊進入朝鮮作戰，美國部隊也在十月初大規模的跨過「三十八度線」，進入了朝鮮半島的北部，並且向朝鮮的首都平壤推進。

其實，一直到十月初，對於是否要參戰，中國都仍未能做出最後決定。一方面，周恩來趕赴莫斯科，跟蘇聯討論參戰的問題，另一方面，中國的西北軍政委員會主席彭德懷（一八九八～一九七四年），也奉命抵達北京，與政府高層商討朝鮮問題。

原本中國政府高層普遍都不贊成參戰，畢竟中國已經歷了很久的戰亂，人民都很疲憊，此時新中國又才剛剛成立一年左右，百廢待興，有太多的事要做，參戰實在是對國家的發展不利。

十月八日，在中國共產黨中央政治局擴大會議上，中國最終決定還是要介入韓戰。促使中國做出這項決定的直接原因，是美軍飛機轟炸了中國的安東（今遼寧丹東），中國領土安全受到了嚴重的威脅，試想朝鮮如果一旦被聯合國軍所占領，那中國的國家利益，將會比不參戰還要更直接的受到威脅。

於是，十月下旬，中國應朝鮮請求，派遣人民志願軍開赴朝鮮，與朝鮮軍隊並肩作戰。

就在中國人民志願軍進入朝鮮一週以後，蘇聯的空軍也參戰。至此韓戰的參戰方就是這樣的陣容——一方是朝鮮、中國和蘇聯，另一方是韓國和聯合國軍。

一九五一年中期以後，中國與蘇聯空軍多次與聯合國軍的戰機交戰，在**鴨綠江**南岸平原一帶上空，形成了著名的「**米格走廊**」，整個韓戰期間，絕大多數的空戰都在此發生。

美軍在韓戰中使用了原子彈以外，所有的現代化武器，在許多戰役和戰鬥中，美軍炮火的密度、戰場兵力的密度、空襲轟炸的密度等等，都超過了二戰的水平。

◆終於停止的戰火

韓戰前後持續了三年左右，一九五三年七月二十七日，朝鮮、中國和美國在板門店（位於朝鮮半島中西部）簽署了《朝鮮停戰協定》，以及《關於停戰協定的臨時補充協議》的停火協議。

1950 年，中國東北邊防的士兵隔著鴨綠江，目睹朝鮮遭受聯合國軍轟炸。

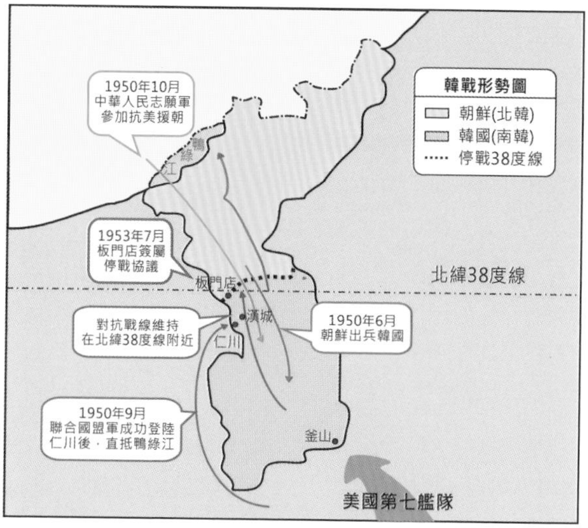

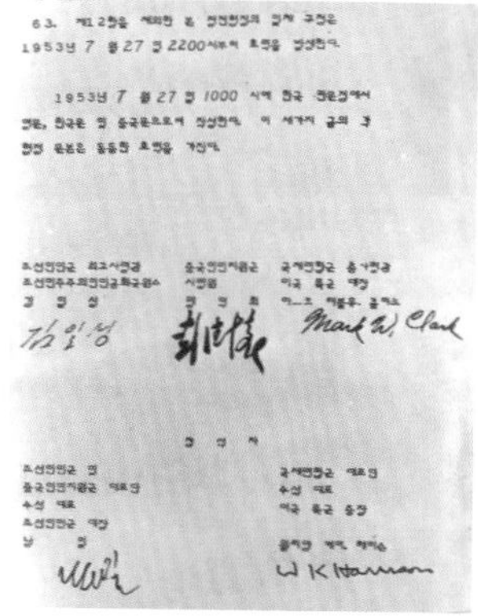

《朝鮮停戰協定》韓文本的簽名頁，上排由左到右為朝鮮、中國與美國代表的親筆簽名。

1953 年，聯合國軍、美軍的代表（左側坐者）與中國人民志願軍的代表（右側坐者），於板門店簽署《朝鮮停戰協定》。

鴨綠江——鴨綠江原為中國的內河，發源於吉林省長白山南麓，現為中國和朝鮮之間的界河。

米格走廊——「米格走廊」現在是一個歷史名詞了，源於在韓戰中，美軍的F-86佩刀戰鬥機與蘇聯的米格15戰鬥機，曾在此（鴨綠江南岸平原一帶上空）多次發生遭遇戰，因此得名。這是歷史上第一次出現大規模噴氣式飛機對戰的地方，所以「米格走廊」也被視為噴氣式飛機戰爭的發源地。

戰爭結束以後，大韓民國和朝鮮民主主義人民共和國，在以往「三十八度線」的基礎上，調整南北軍事分界線，劃定臨時軍事分界線兩側各兩公里以內為非軍事區。這個非軍事區，寬約四公里、長約兩百四十八公里，但大家習慣上仍稱之為「三十八度線」。

需要注意的是，「三十八度線」固然是因鄰近北緯三十八度而得名，但並不完全等於北緯三十八度線，譬如，就有位於北緯三十八度線以南的城市，實際上是由北朝鮮所控制。

兩個多月以後、十月一日，美國和韓國共同簽署了《韓美共同防禦條約》，根據這一條約，美國遂長期在朝鮮半島南部駐軍。

戰前朝鮮半島南北分裂的局面，經過這場戰爭，不僅沒有解決，還進一步惡化，一直到現在，朝鮮半島都還是世界軍事舞臺一個敏感的熱點。

此外，由於在二戰後，美國為了和蘇聯爭奪世界霸權，祕密和日本單獨協商，後來在美國的授意下，日本在韓戰中祕密派出了掃雷部隊。這是二戰後，日本首次向國外派遣軍隊。

◆——韓戰的影響

韓戰的影響當然是多方面的。一般認為蘇聯是最大的贏家，因為這場戰爭削落了美國的實力，把美國超級強國的軍力，從歐洲的「鐵幕」轉移到亞洲朝鮮半島的泥沼，為蘇聯爭取了二戰後各方面復原的時間，縮小了與美國之間的差距。

日本亦從這場戰爭中受惠。戰爭期間，美軍在日本大量採購物資，對日本在二戰之後的經濟復甦，產生了很大的促進作用，奠定了日本之後成為經濟強國的基礎；戰時美國又為了鞏固後方，允許日本以「自衛隊」的名義重組軍隊；美、日軍事同盟的基礎，也是在這個時期所奠定的。

而美國在韓戰之後，有感於不易在局部戰爭中取勝，便大幅提高軍費，從戰前每年一百五十億美元的標準，提高至戰爭期間和戰後的每年四百億美元以上，並與蘇聯展開了持續的軍備競賽，使得「冷戰」的局面進一步加劇。

還有值得一提的是，美國在韓戰中，首次大規模的將黑人與白人士兵混編於同一單位，促進了美軍內部的民族融合。

3 美國投入越戰及反戰運動

在二戰結束初期的亞洲，實在是很不平靜，韓戰才剛剛結束兩年多，越戰又在東南亞爆發了。

這是一場大規模的局部戰爭，本質是由美國等資本主義陣營國家所支持的南越（或稱「越南共和國」），對抗由中國、蘇聯等社會主義陣營國家所支持的北越（或稱「越南民主共和國」），以及「越南南方民族解放陣線」，戰爭前後長達二十年（一九五五年十一月至一九七五年三月），戰場在中南半島三國——越南、寮國（老撾）和柬埔寨，其中越南是主戰場。戰爭結果是南越落敗，北越統一了越南。

越戰不僅對亞洲國際政治產生了深遠的影響，由於是二戰以後美國參戰人數最多、影響最為重大的戰爭，最後美國在越戰中的失敗，也對美國產生了很大的衝擊。

河內——河內位於越南北部的紅河三角洲，大約在西元前三千年，這一帶就開始有人類居住，是一座擁有一千多年歷史的古城。從十一世紀開始，這裡就是越南政治、經濟和文化中心，現在則是越南的首都。河內歷史文物豐富、名勝古蹟遍布，享有「千年文物之地」的美稱。

越戰爆發的背景

在二戰爆發以前，越南是法國的殖民地，二戰期間則被日本所占領。一九四五年、在二戰結束前後，由胡志明（一八九〇～一九六九年）領導的「越南獨立聯盟」（也就是越南共產黨），向法國宣布獨立，隨即於九月二日在**河內**建立了「越南民主共和國」，是東南亞地區第一個社會主義國家。

兩年後（一九四七年），著名社會活動家吳廷琰（一九〇一～一九六三年）創建「越南民族聯盟」。

又過了兩年（一九四九年），四月底，流亡中的前越南皇帝、也就是越南的末代君主保大（一九一三～一九九七年），在法國的支持下，於**西貢**建立了越南臨時政府，並就任國家元首。

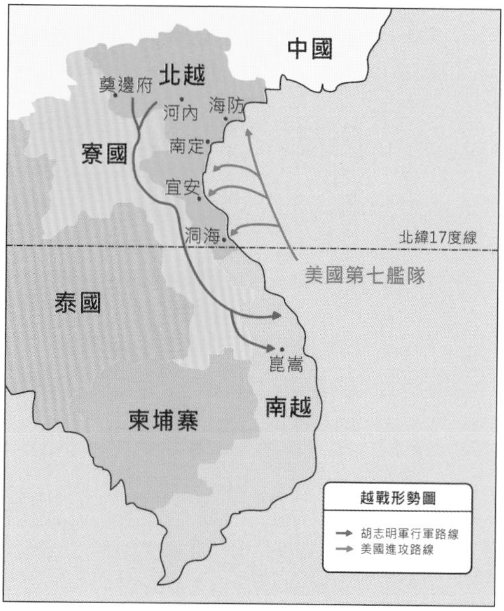

越南共產黨的領導人胡志明。

西貢——西貢位於湄公河三角洲東北部，在十九世紀末發展成東南亞著名的港口和米市。這裡曾經是南越的首都，社會經濟發展受到西方很大的影響，商業發達，曾有「東方巴黎」之稱。越戰結束後，為了紀念越南共產黨主要的創立者胡志明，被改名為「胡志明市」。

一九五五年十月下旬，吳廷琰組織了公民投票，結果高達百分之九十八的人民，支持廢除保大的王位。同年稍後，在保大的王位遭到廢除之後，「越南共和國」（南越）成立，這個政權得到美國、法國、英國等支持，而在十年前、二戰結束那年成立的「越南民主共和國」（北越），則是得到蘇聯和中國的支持。

在南越成立的前一年，由中、美、蘇、英、法參與的「日內瓦會議」中，已經約定南、北越將暫時以北緯十七度線為界，並且將在一九五六年七月舉行關於統一國家的選舉，然而這場大選終究是沒有舉行，因為就在南越成立的第二個月，越戰就爆發了。

越戰期間的美國

越戰從一九五五年十一月至一九七五年三月，一共歷時二十年，分為好幾個階段，其中從一九六一至一九七三年、這十二年，是美國參與越戰的時期。

最先開始援助南越的美國總統是艾森豪（一八九〇～一九六九年）。鑒於此世紀五〇年代，「局部戰爭」儼然已成為「冷戰」的特徵，艾森豪政府決定要向南越提供軍事顧問和裝備等援助，以遏制北越的發展。

到了甘迺迪總統（一九一七～一九六三年）主政時期，「多米諾骨牌效應」已是美國關於「冷戰」戰略的指導思想，在這樣的思想背景之下，美國更是把越南視為「自由世界在東南亞的柱石、拱頂石和堤防要塞」，聲稱如果越南被赤化，東南亞國家，乃至日本、印度的安全，也將會受到嚴重的威脅。甘迺迪在一九六一年一月就任之後，便繼承了之前杜魯門和艾森豪兩位總統，早就制定好要介入越南戰爭的政策，把美國帶入了越戰的泥沼。

甘迺迪的任期尚未結束，便於一九六三年十一月二十二日，在德克薩斯州達拉斯遇刺身亡，副總統詹森旋即宣誓就職，翌年又正式當選為總統。詹森奉行前任總統甘迺迪的既定政策，使越戰不斷升級，標誌著美國對越政策，進入了全面戰爭的新階段。

也就是在詹森正式當選總統的這一年（一九六四年），美國出現了反戰運動，最初還只是小規模的活動，從大學校園開始，然後便逐漸成長。有不少學者分析，反戰運動的成長，部分要歸因於電視新聞對於越戰的廣泛報導，使很多人比過去更能得知相關的信息。

一九六七年十月二十一日，十萬名學生和民眾發起「向五角大廈進軍」運動（五角大廈是美國國防部的辦公大樓），這天，有大批示威者與警方發生了衝突，多人被捕，其中不乏知名的知識分子。

隔年，反戰的示威遊行已經遍及美國各地，八月時，民主黨在芝加哥舉行全國大會期間，不僅發生示威者和警察大規模的衝突，還造成了流血事件。民主黨籍的詹森總統，其實在內政上做得相當不錯，尤其是不遺餘力的推行各項法案，包括福利法案、民權法案等等，是美國在二戰後立法最多的總統。然而，就因在外交政策的不得人心，擴大了美軍在越戰參與的程度，使美軍傷亡慘重，連帶也使得詹森賠上了自己的政治前途，在一九六八年總統大選前，他宣布不再參選。

翌年一月下旬，繼任的尼克森總統（一九一三～一九九四年）在就職演說中，即明確指出「我們陷入戰爭，需要和平」，表示美國即將自越南戰場脫身。

尼克森的辦法是推行「越南化政策」，意思就是說，要將作戰以及指導

1967 年在美國爆發的反越戰示威，示威者向五角大廈前進，高舉著「滾出越南」的牌子。

戰爭的任務移交給南越，然後讓美軍逐步撤出越南。尼克森在就職這年六月，就已從越南撤出首批兩萬五千名美軍。

然而，在進行美、越談判的同時，戰爭仍在持續，反戰運動的聲勢也不斷在擴大，警民之間不時爆發衝突。一九七〇年五月發生的「肯特州立大學槍擊事件」，就是比較嚴重的一起事件，有四名抗議美國參與越戰和入侵柬埔寨的學生，被俄亥俄州國民兵開槍射殺死亡。此一事件造成群情激憤，十幾萬名學生湧入華盛頓抗議，這是美國歷史上第一次全國學生總罷課。

一九七三年一月底，在尼克森執政後期，美國簽署了「關於在越南戰爭結束、恢復和平的協定」，兩個月後，美軍完全從越南的南部地區撤出，到這個時候，這場美國有史以來持續最久的戰爭終於結束。

兩年後，北越軍隊和越共游擊隊占領了

1970 年，尼克森總統於記者會中說明越戰戰況，主張將越戰越南化。

南越首都西貢，南越政權垮臺，一年後（一九七六年）南、北越統一。長達二十年的越戰以北越的全面勝利告終，自此，中南半島三國都加入了社會主義的陣營。

戰後影響與意義

越戰對很多國家都有不同的意義，譬如：

對美國來說，越戰是美國自二戰以後參戰人數最多、影響最為深遠的戰爭。首先，美國為越戰耗費了至少兩千五百億美元，戰爭期間，美國不僅經濟出現大幅度的衰落，還出現了巨額財政赤字，使得美國經濟從一九六〇年代末開始，一直到整個七〇年代，進入一個長期停滯的階段。

其次，由於美國在越戰中遭受嚴重的損失，削落了綜合國力，「冷戰」的優勢逐漸轉到了蘇聯那一方，面對蘇聯的咄咄逼人，美國遂積極轉向與中國合作。

此外，越戰也激發了美國從一九七〇年代初期至九〇年代初期的軍事改革，至「冷戰時代」終結之前，美國不再動用大規模地面部隊進行傳統的持久消耗戰，轉而依靠巨大的海空優勢和技術優勢來進行作戰。

最後，越戰也給美國人民造成了極大的精神創傷。

對越南來說，自然是為獨立付出了慘烈的代價，包括戰爭至少給越南留下一百萬名的寡婦、二十萬名的殘疾人士，美軍還在當地留下大量的越美混血兒。隨後越南又先後與柬埔寨和中國陷入戰爭（一九七九年「中越戰爭」）……長期的戰爭以及與西方世界的隔絕，導致經濟崩潰、通貨膨脹，到了一九七〇年代後期，逃離越南的難民超過了一百五十萬人。

對中國來說，戰爭期間，中國是北越最主要的支持者和援助者，至少給予了超過兩百億美元的援助，這在客觀上自然加重了中國的經濟負擔，畢竟當時中國自身還並不算富裕。

對韓國來說，倒是從越戰中受惠不少，比方說，由於就近供應美國在越戰期間的物資，推進了韓國工業化所急需的財源和外匯收入，在對美國軍事外交中，也得以慢慢擺脫被動的局面。既更新了軍隊的裝備，也建立起自己的軍事工業，並加強了韓美軍事同盟關係等等，這些都使得**朴正熙**（一九一七～一九七九年）有了充足的底氣，在統一政策方面轉守為攻，「先和平，後統一」也成為日後韓國政府統一政策的主基調。

朴正熙

一九六一年，朴正熙以政變的方式成為韓國總統以後，執政長達十八年，至一九七九年遇刺身亡為止。三十三年以後（二〇一二年），他的女兒朴謹惠（生於一九五二年）成功當選總統，成為韓國第一位女性總統。

4 歐洲共同市場

二戰結束初期，當亞洲又陷入烽火連天之際，歐洲則是在醞釀和推動一個大合作，那就是成立「歐洲共同市場」，亦稱「歐洲共同體」。

「歐洲共同市場」的成立，不僅使歐洲各國於二戰之後，在經濟方面合作無間，促進彼此的發展，在政治上也產生了很好的影響，大大提高了大家的國際地位，這大概就是所謂的「團結力量大」吧。

◆歐洲的團結基礎

歐洲統一的思想其來有自，在歷史上曾經有過好幾個帝國，都是用武力統一了歐洲，包括羅馬帝國、法蘭克帝國、神聖羅馬帝國、法蘭西第一帝國，以及二戰之前的納粹德國等等。其實在十八世紀下半葉，當美國獨立戰爭爆發的時候，當時也有不少歐洲人士建議過，不妨仿效「美利堅合眾國」的模式，建立一個「歐洲合眾國」，不過，當然沒成。

到了十九世紀初，拿破崙（一七六九～一八二一年）曾經在大陸封鎖期間，在歐洲大陸實行關稅同盟，算是近代裡用經濟手段把歐洲「統一」起來，比較著名的例子。

然後就是成立於二戰之後的「歐洲共同市場」了。

關於「歐洲共同市場」，究其成立的背景，有很多深層次的歷史因素，譬如，西歐曾經是世界上最先進的地區，各國擁有共同的文化遺產和心理認同，經濟發展水平也比較接近，具有一定的合作基礎；近代以來，歐洲大陸戰爭不斷，使西歐各國人民都吃足了苦頭，尤其是兩次世界大戰，對西歐各國所造成的破壞非常嚴重，在二戰之後，這些國家又普遍都受到蘇聯和美國，這兩個超級強國的干預。凡此種種都讓大家深刻的體認到，如果想要維護自身的安全和利益，進而恢復西歐的榮光，無疑就必須發自內心的捐棄成見，放下過去所有的過節，而全心追求合作，走一條聯合發展的康莊大道。

值得一提的是，「歐洲統合」的想法雖然早就出現，但一直到一戰過後，眼看歐洲傷亡慘重，土地也滿目瘡痍，這樣的想法才逐漸茁壯。不過，也只是停留在口頭講講的程度而已，直到二戰結束以後，西歐各國才真正開始朝著這個目標，採取了實際的行動。

而東歐和蘇聯，儘管戰爭也帶來了極大的破壞，可或許是由於政治思想與西歐各國有著不可協調的差異，因此沒有興起與西歐各國相同的看法。

說到要捐棄成見，最關鍵的自然就是法國和德國的態度，因為這兩個國家簡直就是宿敵，如果法、德之間無法消除仇恨，想要談西歐合作就絕無可能。結果，法、德兩國在二戰之後，還真的很快就達成了和解（在一戰之後，法國還恨不得能夠肢解德國呢），而既然法、德兩國都能顧全大局、攜手合作，這就為歐洲合作奠定了良好的基礎。

在二戰結束大約一年以後、一九四六年九月，開始有不少人士、包括英國前首相邱吉爾在內，提議建立「歐洲合眾國」。不過，這個名詞一看就是充滿了政治味，不容易著手，很多人遂想到，還是先進行經濟方面的合作吧。事實上，隨著歷史的演進、經濟的發展，西歐各國之間的經濟聯繫早就日趨密切，如果從經濟議題下手，比較可行，也比較可以很快就見到成效。

◆——逐步完成政經一體化

在二戰結束的三年後（一九四八年），荷蘭、比利時、盧森堡三個國家組成了關稅聯盟，主要目標是免除彼此之間的關稅，開放原料、商品的自由貿易。

其實在二十幾年以前、一戰結束之後兩年，比利時和盧森堡就成立過關稅同盟，而這次的特點是荷蘭的加入，成為「比荷盧同盟」，可以說是區域性共同市場的開端。這三個歐洲小國，本身的資源都不算豐富，可是在成立關稅聯盟之後，大家在廢除區域內的關稅之餘，對外也採取一致的關稅，果真有效刺激了三國的貿易，三國均能迅速發展，僅僅在數年之內，對外貿易額就超過了法國。

一九四九年，第一個泛歐組織——「歐洲委員會」成立。

真正的「歐洲一體化」則始於兩年以後（一九五一年）。這年四月，比利時、荷蘭、盧森堡、西德、法國和義大利，這六個國家在巴黎簽定協議，成立了「歐洲煤、鋼共同體」，協議為期長達五十年，組成的主要目的是要利用廢除貿易限制，以及鼓勵生產的要素，使六國的煤、鋼產業集中於最有效率的生產者，以此來謀六國之利益。

這些特質，就是組成「歐洲共同市場」的基礎。

這樣過了四年，在一九五五年六月，這六個國家的外長會議，進一步議定了關於成立共同市場的基本方針，並成立專門委員會，研究設立共同市場的具體方案。經過近兩年的多次磋商，一九五七年三月底，這六個國家簽定了《羅馬條約》，並於翌年元旦正式成立「歐洲經濟會社」，又稱為「歐洲共同市場」。

「歐洲煤、鋼共同體」的旗幟。組織中會員國皆將部分主權，交由獨立機構統籌決策。

「歐洲共同市場」組成之後，英國政府深恐往後自身貿易會大受影響，遂火速邀集奧地利、丹麥、挪威、瑞典、瑞士和葡萄牙，加上英國自己一共七個國家，在「歐洲共同市場」組成的第二年（一九五九年），簽定《斯德哥爾摩條約》，組織「歐洲自由貿易協會」，與「歐洲共同市場」對抗。

然而，「歐洲自由貿易協會」的成效顯然不如「歐洲共同市場」，以至於英國在一九六一年及一九六七年，曾經兩度申請、表示也想加入「歐洲共同市場」，不過，一方面由於法國不太樂意，另一方面英國與大英國協之間所存在的特惠關稅制度，「歐洲共同市場」也無法接受，因此均告失敗。

直到一九七三年，英國才正式加入「歐洲共同市場」，同時加入的還有愛爾蘭和丹麥；挪威原本也提出了申請，但後來因國會沒有批准而作罷。至此，「歐洲共同市場」擴大為九個國家。

一九八一年，希臘成為加入「歐洲共同市場」的第十個國家。

一九八六年，葡萄牙和西班牙加入，「歐洲共同市場」會員國增至十二個國家。

一九八七年七月一日，《歐洲單一法案》生效，開啟了歐洲共同體政治合作的閥門。

一九九〇年六月起，歐洲多國簽署《申根公約》，消除過境關卡限制，使得會員國之間彷彿就像沒有國界一般。

在這一年的四月，還發生了一件大事。法國總統密特朗（一九一六～一九九六年）和聯邦德國總理科爾（一九三〇～二〇一七年），聯合倡議要在這年年底，召開關於歐洲政治聯盟問題的政府間會議。

到了年底，相關會議果然如期召開，接下來，經過一年左右的談判，歐洲十二國締結了政治聯盟條約，聲稱今後將實行共同的外交和安全政策，並將最終實行共同的防務政策、建立歐洲貨幣體系、建設經濟貨幣聯盟等等。

歐盟的誕生

最後，我們不妨也來稍微了解一下「歐洲聯盟」（簡稱「歐盟」）。

這個組織是歐洲經濟、政治共同體，就是由「歐洲共同市場」發展而來，總部設在比利時的首都布魯塞爾，創始會員國是法國、德國、義大利、荷蘭、比利時和盧森堡，現在則擁有二十七個會員國，正式官方語言多達二十四種。

「歐盟」旗幟。

「歐盟」正式誕生於一九九三年十一月一日，二〇一二年「歐盟」還獲得了諾貝爾和平獎。

在政治上，「歐盟」所有的會員國均為議會民主國家；在經濟上，「歐盟」為世界上第二大經濟實體；在軍事上，除了奧地利、芬蘭、瑞典、愛爾蘭、馬耳他，這五個國際公認的永久中立國，以及賽普勒斯之外，其餘則均為「北大西洋公約組織」的成員。

5 戴高樂與法國第五共和

法國的正式名稱是「法蘭西共和國」，也就是「法蘭西第五共和國」，是聯合國安理會五大常任理事國之一，也是「歐盟」和「北約」（「北大西洋公約組織」）的創始會員國。

法國的文化底蘊非常深厚，歷史上出過不少對人類發展影響深遠的思想家和文學家，近世對西方文明影響甚巨的啟蒙運動，法國更是大本營。法國還擁有全世界第四多的世界文化遺產。

法國在中古世紀末期就已成為歐洲大國之一，在十九至二十世紀國力達到巔峰，至今仍是一個在世界上舉足輕重的國家。在二戰以前，法國是當時世界第二大殖民帝國，殖民地面積是本土的二十倍。一九四五年九月、二戰剛結束，「法蘭西第四共和國」成立，但僅僅只維持了十三年，至一九五八年就被戴高樂（一八九〇～一九七〇年）所建立的第五共和所取代，然後一直延續至今。

熱血青年的時期

戴高樂享壽八十，法國人民都喜歡尊稱他為「戴高樂將軍」。他的一生，就是一部活生生的法國現代史，他的過世，也是一個時代的結束。我們在卷九《現代史Ⅰ》講到二戰時，曾經提到過他。這一小節就讓我們來好好的認識一下，這位不凡的人物。

戴高樂的父親是位耶穌會學校的老師，參加過一八七〇年的「普法戰爭」。受到父親的影響，戴高樂在童年時期，受到濃厚的民族主義和愛國主義的薰陶，很早就已經定下自己人生的方向——他想當一名軍人。十九歲那年，戴高樂考入聖西爾軍校，畢業以後如願從軍，頗受團長貝當（一八五六～一九五一年）的賞識。貝當比戴高樂年長三十四歲，兩人稱得上是忘年之交，友誼保持了很長一段時間，直到二戰期間，雙方都自認代表法國，變得完全對立。

一九一四年、一戰爆發那年，戴高樂二十四歲，他隨著軍隊參加了在比利時境內的戰鬥，負了傷，可是這並沒有打擊他勇敢的個性，之後他又兩度在戰鬥中負傷。一戰中期，一次在法國東北部的負傷更戲劇化，他中彈昏死，醒來以後成了德國的俘虜，隨後被關押了兩年多，直到一九一八年德國戰敗投降，他才重獲自由。結果，回到家鄉，才發現原來自己早就被列入陣亡名單，還被追授了一枚最高榮譽十字勛章。

一戰結束後，戴高樂應募去波蘭參與和俄國紅軍的作戰，至一九二一年十月回國。這年，他三十一歲，在回國半年以前，他結了婚（後來戴高樂共育有三位子女，他是一個慈愛的爸爸）。

戴高樂於聖西爾軍校的班級照片，攝於 1908 年。後排左三為戴高樂。

回國之後，在十幾年的時間之內，戴高樂做過好幾份不同的工作，包括回母校聖西爾軍校教書、在法國軍事學院學習、在特里爾軍隊的獵兵第十九營擔任營長，還在東地中海地區的參謀總部和國防部總祕書處任職過。一九三七年底，時年四十七歲的戴高樂晉升為上校，擔任坦克團團長。

戴高樂在一九三〇年代，發表了一系列軍事理論著述，主張法國應該組建具有高度機動性的機械化部隊，因為他預言在未來的戰爭中，大量使用坦克及機械化部隊，再與空軍、步兵協同作戰的方式，將非常必要。可惜，這些見解並沒有受到法國軍方的重視，後來二戰爆發，德國就是這麼做的；當德國的機械化部隊，以極其凌厲的攻勢突襲法國西北部時，戴高樂才奉令趕緊組建一支裝甲師，可為時已晚，法軍簡直不堪一擊、一敗塗地。

二戰時期的戴高樂

二戰爆發快要滿一年的時候、一九四〇年六月初，法國政府改組，時年五十的戴高樂被任命為國防和陸軍部次長。這個時候，政府高層掌權的都是投降派，其中還有戴高樂的老友貝當（貝當此時是副總理）。戴高樂極力主張應該把法國政府遷往法屬北非（類似中國在對日抗戰期間，把首都從江蘇南京遷到四川重慶的做法），堅決表示應該與納粹德國血戰到底，但沒人聽他的。

戴高樂急忙出使英國，謀求與英國的合作，希望英、法合力抗擊德國，可是，等他匆匆返抵法國，立刻就意識到大勢已去，投降已成定局。

戴高樂遂下定決心，要到英國去領導法國的抵抗運動。

這年（一九四〇年）六月十七日，一位來自英國的將軍要返回倫敦，戴高樂至機場送行，就在飛機起動之際，年已半百的戴高樂突然就在眾目睽睽之下，迅速鑽進了艙門，飛機隨即騰空飛起，揚長而去，在場那些同樣是來送行的其他法國官員，看到這戲劇化的一幕，全都被驚呆了。

沒幾天，當德軍逼近巴黎時，果然，投降派非但絲毫沒有組織抵抗，還宣布巴黎為「不設防城市」，等於是拱手把巴黎獻給了敵人。隨後，法國政府垮臺，貝當出任總理，更向德國宣布無條件投降，「法蘭西第三共和國」至此結束。

戴高樂把流落在國外的散兵游勇集合起來，建立起一支七千人的武裝部隊。他的努力，開始引起了國際間的重視。一九四三年，在二戰中期，戴高樂把「自由法國」的總部從倫敦遷往阿爾及爾（法屬阿爾及利亞的

「自由法國」的旗幟，中間的「洛林十字」是法國民族英雄，「聖女貞德」的象徵。

首都），就任法國民族解放委員會的主席。

此外，當他得知由法國共產黨所領導、人數約五十萬的「法國內地軍」，集合了各路游擊隊等抵抗力量，正在法國展開艱苦的戰鬥時，也積極與之取得聯繫，並且想方設法把最高領導權掌握在自己的手裡。

戴高樂一直希望能夠在戰後，保住法國做為一個西歐大國的地位，與英、美兩國平起平坐。然而，或許由於性格上十分固執，他和當時英、美兩國的領袖，也就是英國首相邱吉爾和美國總統羅斯福，都處不來，以至於在戰爭晚期、一九四五年二月所舉行的雅爾達會議，明明是一場關於制定戰後世界新秩序的關鍵性會議、明明關乎法國重大的切身利益，戴高樂卻未獲邀請。

稍後，戴高樂總算設法取得了出席批准德國投降儀式的代表權，並使法國於戰後在德國拿到了一塊占領區（德國投降後，領土隨即由美、蘇、英、法四國所占領），可是在同年七月、太平洋戰爭尚未結束時所舉行的波茨坦會議，戴高樂又被排除在外。

戰後，儘管在一系列重要的國際問題上，戴高樂似乎都沒有什麼發言權，但他還是為法國爭得了聯合國安理會常任理事國的資格，享有大國的否決權。

兩次重回執政

一九四四年八月二十六日，在美國占領軍登陸日本、二戰已形同結束的這天，五十四歲的戴高樂凱旋巴黎。當他來到巴黎的地標凱旋門時，星形廣場和香榭麗舍大道都擠滿了歡迎他的人們，許多人的眼裡都噙滿熱淚。

九月，戴高樂的政府遷回了巴黎，他隨即當選臨時政府的總理，雄心萬丈的開始要著手重建飽受戰火蹂躪的家園。

然而，過了一年多、一九四六年一月，戴高樂忽然宣布辭職下野，這是因為他對於由三個政黨所組成的聯合政府非常不滿，深感多黨制對法國來說是一場災難，並且判斷第四共和很快就會垮臺，相信到時候法國人民一定還是會需要他的。

沒想到，等待的時間比他預料的要久得多。

十二年後（一九五八年），這時的戴高樂已經六十八歲了，原本應該已經到了可以安享晚年的年紀，不過他的

1944年8月、二戰快結束時，法國終於從德國手中奪回巴黎，戴高樂與他的隨行人員回到巴黎，在香榭麗舍大道上接受市民的歡迎。

愛國心還是和年輕時一樣的熾烈。這年五月，法屬阿爾及利亞又爆發起義，軍隊開始干預政治，使原本政局就相當不穩的第四共和，更加風雨飄搖，眼看一場內戰一觸即發，戴高樂感到國家和人民都需要他，立刻發表了一個聲明：

「十二年來，法國面臨著各種問題，非政黨體制所能解決，國家一直處在這種災難狀態之中。上一次，國家在危急存亡的關頭曾賦予我重任，領導全國救亡圖存。今天，當國家再次面臨考驗時，相信國家一定知道，我已經做好了接管共和國權力的準備。」

在發表了這篇充滿「捨我其誰」氣概的聲明之後，戴高樂旋即就任總理，半年之後被選為法國總統，新憲法賦予了總統更多的權力，法國從此進入了第五共和國時期。

戴高樂首先要處理的，就是阿爾及利亞的問題——他決心允許阿爾及利亞獨立。他採取了全民表決的形式，讓法國人民和阿爾及利亞的人民一起來決定，是否同意阿爾及利亞的獨立，結果高達七成的選民投下了贊成票，這表示戴高樂的政策是受到人民擁護的。

就這樣，戴高樂避免了法國的內戰，用和平手段完成了法屬非洲的非殖民化。

但是，還是有一些極端分子對此感到非常的憤怒，指責此舉是「拋棄了我們阿爾及利亞的兄弟」，是一種不可饒恕的出賣，後來還因此發生了至少四起針對戴高樂的刺殺事件，其中最危險的一次，是當戴高樂乘車前往機場的途中，從路旁的兩輛汽車裡突然發射了數百發子彈，其中十幾發擊中了戴高樂的防彈車，一顆子彈擊破了後窗、就在距離他頭部幾公分的地方掠過，非常驚險。

事後，戴高樂表示：「真是不可思議的僥倖，既然我們誰都沒有中彈，那就讓戴高樂繼續走自己的路、履行自己的職責吧！」

◆偉人戴高樂

戴高樂連續做了兩屆、一共十一年的總統。他把主要精力都放在對外事務上，重要建樹有：反對大國核壟斷政策，帶領法國在一九六〇年三月成功製造原子彈，成為當時世界上第四個擁有核武器的國家（前面三個國家依時間先後，分別是美國、蘇聯和英國），並逐漸發展成一個不容忽視的核遏制力量；反對美國對法國的控制，要求在「北約」中與美、英同享決策權；充分利用法國的否決權，把英國排斥在「歐洲共同市場」之外，以便把「歐洲共同市場」做為他外交政策的工具，並發展成為一個獨立的政治勢力；主張東西方應該合作，因此與蘇聯和東歐國家都進行了文化及貿易交流，更於一九六四年宣布與中華人民共和國建交，是西方陣營中第一個與新中國建交的國家。

不過與外交相比，戴高樂在內政上的表現就比較遜色，後來在七十九歲高齡更因此而下野。

下野之後，戴高樂拒絕享受離任總統的住房和薪俸，而選擇回到老家科隆貝寫回憶錄。翌年因心臟病突發而過世，走的時候，他的回憶錄還沒有完成。

戴高樂早在六十二歲的時候就寫好了遺囑，交代葬禮要非常儉樸，並且聲明，拒絕接受給予他的任何稱號、晉升、榮譽、表彰和勛章。

最後，依戴高樂的心願，葬禮確實一切從簡。不過，還是有好幾萬民眾自動自發，從法國各地來到科隆貝為他送葬，與此同時，巴黎大主教在巴黎聖母院，為戴高樂舉行隆重的安靈彌撒，許多國家的元首都出席致哀。接著，幾十萬人冒雨向愛麗舍宮前進，在凱旋門肅立致哀；在二十六年前，當二戰已形同結束、戴高樂從海外回到巴黎時，他也曾經站在這裡接受過大家的歡迎。

隔天，巴黎市議會便決定要把凱旋門所在的星形廣場，改名為「夏爾・戴高樂廣場」，來向戴高樂致敬。四年之後（一九七四年）正式啟用的「巴黎夏爾・戴高樂機場」，也同樣是為了紀念這位在無數法國人心目中，法國歷史上最偉大的人。

6 古巴飛彈危機

一九六二年十月，古巴飛彈危機爆發，持續近兩週，震撼全球，差一點就釀成了熱核戰爭，這是美、蘇「冷戰」時期最嚴重的一次正面對抗，雙方領導人——美國甘迺迪總統和蘇聯領導人赫魯雪夫，都幾度考慮過是否要按下核按鈕，整個世界也因此幾度瀕臨毀滅，其驚險萬狀即使至今已超過半個世紀，回顧起來仍足以用千鈞一髮來形容。

美、蘇爭奪之地：古巴

古巴是一個位於北美洲加勒比海北部的群島國家，「古巴」在「泰諾語」中是「好地方」、「肥沃之地」的意思。十五世紀末（一四九二年），義大利航海家哥倫布（一四五二～一五〇六年）航行抵達古巴島，是古巴歷史上與西方接觸的開始，並在十九年後（一五一一年），古巴淪為西班牙殖民地，就這樣維持了長達近四百年，直到十九世紀末（一八九八年）被美國占領。

一九〇二年五月下旬，古巴成立了共和國，翌年，美國看重古巴的戰略位置

泰諾語——泰諾語是南美洲印第安諸語組中，通行最廣的一種語言。

（古巴被譽為「墨西哥灣的鑰匙」），強租了兩處做為海軍基地。一九三三年，巴蒂斯塔將軍（一九〇一～一九七三年）上臺，成為古巴實際的軍事領導人；過了十九年（一九五二年），又以軍事政變的方式成為古巴最高領導人，但是，他的獨裁統治不得人心，招致民眾普遍的反對。六年多後、一九五九年元旦，巴蒂斯塔被推翻，領導人民革命的，是年僅三十二歲的卡斯楚（一九二六～二〇一六年），巴蒂斯塔被迫流亡海外。

儘管巴蒂斯塔是美國一手扶植起來的傀儡，但一開始美國對卡斯楚還是表現得頗為友好，因為美國想繼續把古巴納入自己的勢力範圍，鞏固美國在拉丁美洲的統治基礎。直到古巴新政府成立半年以後，由於新政府高層成員發生了很大的變動，政府重要部門幾乎都被比較激進的人士所掌控，美國擔心這將動搖他們在拉美地區的影響力，遂開始對古巴新政權心生不滿，兩國的關係開始惡化。

在古巴新政府成立兩年以後、一九六一年一月初，也就是在時年四十四歲的甘迺迪總統剛剛就任時，美國突然宣布與古巴斷絕外交關係，並對古巴進行經濟制裁，想逼古巴聽話。

三個月後，發生了「豬玀灣事件」。在美國的策畫下，古巴流亡分子對古巴進行了兩天的轟炸，一千多名傭佣軍登上古巴豬玀灣，試圖推翻卡斯楚政權，但是沒有成功，在短短三天之內即被擊退。這個事件自然損及甘迺迪政府的威望，之後，美國政府對古巴採取了更加敵視的政策，繼續對古巴施壓。

1959 年，在訪美行程中受訪的卡斯楚。雖然古巴和美國都希望維持友好，但接下來雙方的關係還是快速惡化。

面對美國強大的壓力，卡斯楚為求自保，不得不向蘇聯求援。卡斯楚稍後曾經在聯合國大會上，直截了當告訴美國人：「是你們逼我們去尋找新的朋友！」此言大體不差，因為在此之前，無論是卡斯楚本人或是他的戰友，不僅與蘇聯和其他社會主義國家沒有任何聯繫，對社會主義、共產主義也沒有什麼概念。

在一九五〇年代後期，由於美國拼命擴充其核武庫，使美國在美、蘇核競賽中處於領先地位，更何況在卡斯楚政權上臺那年，美國在義大利和土耳其，一共部署了四十五枚中程飛彈，距離莫斯科僅僅約兩千公里。這麼一來，蘇聯重要的工業中心，都處於美國核彈和戰略轟炸機的直接威脅之下，形成對蘇聯公開的核威懾——對此蘇聯領導人赫魯雪夫早就非常不悅、想要扳回一城了。

因此，對赫魯雪夫來說，古巴來向蘇聯求援，真是一件求之不得的事，立刻慷慨給予古巴經濟和軍事的援助。

出於與美國爭奪霸權的需要，蘇聯正需要在拉丁美洲找一個立足點，而戰略位置優越的古巴，正是一個理想的目標，如果蘇聯能夠在古巴部署飛彈，不啻是一個最有效率的方式，能在最短的時間之內，恢復美、蘇軍力的平衡。

蘇聯於莫斯科紅場展示即將運到古巴的飛彈。

赫魯雪夫計畫要在古巴部署六十枚飛彈，有的射程是一千六百公里，有的是兩千四百至三千兩百公里，還可以避開美國的預警系統，如此一來，蘇聯打擊美國的能力就可增加一倍，從而扭轉蘇聯的戰略地位。

因此，赫魯雪夫決定要祕密的把這些飛彈運抵古巴，而且還要動作迅速，在美國發現之前裝好。

這個計畫在一九六二年七月下旬開始實施，蘇聯把幾十枚飛彈和幾十架飛機，通通都拆開來裝進集裝箱裡，偽裝成是運往古巴的普通貨物，然後用蘇聯的船隻運往古巴。這些飛彈的威力很大，每一枚飛彈所攜帶的核彈頭，威力都比二戰末美國投到日本廣島的原子彈，還要大上二十或三十倍。與此同時，還有三千五百名蘇聯軍事技術人員，也陸續乘船前往古巴。

在此期間，即使蘇聯的行動引起某些國際人士的警覺，但蘇聯在公開場合總是否認。赫魯雪夫甚至還慎重其事的向甘迺迪總統保證過，說蘇聯絕對沒有在古巴擁有任何進攻性武器。

同年八月，美國發現了蘇聯設在古巴的飛彈發射場。九月初，蘇聯在部署飛彈工作已近尾聲的時候，這才公開宣布，說根據蘇聯和古巴兩國所達成的協議，蘇聯將向古巴供應武器，並且提供技術專家。

十月中，當甘迺迪總統得知這一切時，首先，對於赫魯雪夫之前的謊言非常生氣，其次自然是馬上意識到問題的嚴重性——真沒想到古巴在轉眼之間，竟然就在西半球擁有了僅次於美國的軍事力量！

甘迺迪認為，之前「豬玀灣事件」已經令他有些灰頭土臉了，此時在蘇聯飛彈造成嚴重的威脅之下，如果還不強硬回擊，勢必將有損他的政府在國內外的形象，恐怕還會廣泛激起美國人民對他的不信任。因此，甘迺迪決定，一定要讓蘇聯明白美國將不惜一戰的決心。

古巴飛彈危機就是從這個時候開始的。

◆飛彈危機正式開始

十月二十二日，甘迺迪向美國和全世界發表了廣播演說，通告了蘇聯正在古巴部署飛彈一事，表示這是一種明顯蓄意的挑釁，美國不能接受，宣布美國即將對古巴採取海上隔離等初步措施，要求蘇聯在聯合國的監督之下，盡快撤走已經部署在古巴的所有進攻性武器。

所謂「海上隔離」，其實就是封鎖，但甘迺迪之所以用「隔離」這個詞，而不用「封鎖」，是由於「隔離」一詞的火藥味似乎沒有「封鎖」那麼強，感覺更能強調是一種自衛性的行動。

不過，不管是「隔離」也好、「封鎖」也罷，美國接下來的行動還是火藥味十足。在甘迺迪發表演說之後，美國的地面、空中和兩棲作戰部隊立即開始集中，還迅速調集出兵古巴所需要的軍需物資，並開始採取保護美國本土免遭核襲擊的各種預防措施。同時，美國在世界各地的軍隊都進入了戒備狀態，甘迺迪還下令，命載有核彈頭的美國轟炸機進入古巴周圍的上空。

美國如此強硬的態度，有些出乎赫魯雪夫的意料，但他當然不肯退讓，立刻下令加快向古巴運送飛彈及蘇式轟炸機。

十月二十三日，蘇聯政府發表強硬聲明，表示仍然要按照蘇聯和古巴的協議，繼續使用武器來援助古巴，堅決拒絕美國的攔截，並警告美國，將對美國的威脅進行最激烈的回擊。

十月二十四日，上午十點整，美國對古巴實施的海上「隔離」開始了。美國海軍艦隊在加勒比海上控制了幾千英里長的海域，在距離古巴東部海岸約三百公里之處，還設有巨大的美軍飛彈跟蹤站，密切監視著前往古巴所有船隻的舉動。同時，美國飛彈部隊全部奉命，處於高度戒備的狀態，世界各地的美軍基地也都進入了備戰狀態。

到這個時候，赫魯雪夫對於甘廼迪所說美國將不惜一戰的態度，還是有些半信半疑。十月二十五日，蘇聯以不攜帶武器的船隻去考驗美國的封鎖，結果發現古巴確實是被美軍包圍得密不透風。

十月二十六日，赫魯雪夫給甘迺迪寫了一封信，據美國情報單位鑒定，這確實是赫魯雪夫的親筆信，從口氣來看，顯然是在情緒激動的情況下、類似一時衝動所寫的。赫魯雪夫在信中先是承認了在古巴確實有蘇聯的飛彈，但馬上又強調那純粹只是做為防禦性的作用，說他其實一直都深切渴望和平，然後示意甘廼迪可否共同想出一個辦法，來解決當前這種劍拔弩張的狀態。赫魯雪夫表示，只要美國保證不會入侵古巴、也不允許

在古巴飛彈危機時期，美國海軍的巡邏機緊跟著載有伊爾 28 型轟炸機的蘇聯貨船。

別人入侵古巴，並且撤回美國的艦隊，不要再搞海上隔離，蘇聯立刻就會釋出善意。

十月二十七日，就在甘迺迪還在與白宮高層商議、還沒來得及答覆赫魯雪夫的來信時，美國國家安全委員會執行委員會竟然又收到一封信，雖然同樣是以赫魯雪夫的名義所發出，但火藥味十足，且官腔官調，大家研判或許是蘇聯外交部所寫的。信中表示，現在蘇聯同意撤走古巴那些被甘迺迪稱為「進攻性的武器」，但也希望美國能夠從土耳其撤走類似的武器。

這不就是要交換嗎？儘管此時對於蘇聯方面的意圖還不是摸得很清楚，但甘迺迪絕對不願意交換。美國在全世界的常規部隊和核部隊，都已經奉命準備隨時行動，一支龐大的入侵古巴的部隊，也已在美國東南方的佛羅里達州集結（從佛羅里達州最南端至古巴最北邊，最短的直線距離不到一百五十公里）。

美國官方估計，在古巴的幾個發射場都已處於發射狀態，在這樣的情況下，對飛彈發射場的任何直接空襲，都可能造成美國城市上空的熱核爆炸。

從十月二十二日甘迺迪發表廣播演說之後，至二十七日這幾天，是古巴飛彈危機最緊張的時候，眼看一場大戰一觸即發，若真的如此，就將是整個人類的浩劫。

◆解除世界危機的兩封回信

就在白宮高層為了如何解決僵局、又能避免戰爭而爭論不休之際，有人靈機一動，想到了一個好辦法，那就是——乾脆不要理會來自莫斯科的第二封信好啦！

於是，甘迺迪立即針對赫魯雪夫第一封來信做了答覆。

「親愛的主席先生：

我非常仔細閱讀了您十月二十六日的來信，很高興得知您願意迅速謀求一個解決的辦法……」

赫魯雪夫立刻做出回應。隔天，十月二十八日，莫斯科電臺就廣播了赫魯雪夫給甘迺迪的回信，表示他理解美國人的憂慮，基於對和平的追求，蘇聯願意拆除這些武器，甚至還聲稱，其實他早就下令在古巴的一些建築工地停工了（那些建築原本是為了要擺放武器的）。

信中沒有再提，要求美國也要撤走土耳其類似軍備的對等條件。

或許是因為赫魯雪夫已經從情報部門得知，如果不趕快給美國答覆，美國就會在二十九日或三十日，轟炸蘇聯的飛彈設備和古巴的軍事目標，然後入侵古巴。由於此時美國的軍事力量畢竟還是優於蘇聯，因此赫魯雪夫知道不能再拖下去，必須立刻妥協，否則後果將極為慘烈。

古巴飛彈危機至此終於宣告結束，大家都大大的鬆了一口氣！

十幾天以後，蘇聯部署在古巴的四十二枚飛彈，就全部都撤走了。

過了一週左右，甘迺迪承諾將在一個月之內，從古巴把所有的伊爾28型轟炸機撤走，也宣布取消對古巴的海上封鎖，蘇聯政府則同步命令蘇聯武裝力量解除最高戰備狀態。

從表面上看，美國似乎是這場飛彈危機的勝利者，好像挺有「面子」，實際上，美國稍後還是用祕密撤軍的方式，從土耳其撤軍了。這是美、蘇兩國祕密外交的結果，因此，蘇聯透過在古巴部署飛彈、然後又撤出的方式，達到了讓美國從蘇聯鄰國撤出飛彈的目的，也算是賺到了「裡子」。

這場危機讓蘇聯下定決心，一定要大力發展核武器，認為只有這樣才能改變劣勢，後來到了一九六〇年代末，蘇聯果真就趕上了美國。隨著美、蘇之間軍力差距的縮小，蘇聯在全球霸權爭奪戰中遂逐步轉為攻勢。

而對於古巴而言，儘管在飛彈危機中，古巴對美國的立場要比蘇聯強硬得多，但即使是在古巴強烈的反對之下，蘇聯還是撤走了飛彈，而且在最後與美國妥協時，甚至來不及先告訴古巴，這深深傷害了古巴人民的感情，覺得他們被背叛了。同時，古巴也更加認清一個事實——在現代國際關係的形勢中，握有主導權的恐怕永遠都將是大國，小國永遠都只是大國之間博弈的棋子罷了。

7 古巴飛彈危機之後的「冷戰」低盪時期

二戰後，兩個戰勝國，美國和蘇聯，分別代表著兩個截然不同的經濟和思想的意識形態。以美國為首的資本主義國家、亦稱「自由民主國家」為一陣營，以蘇聯為首的社會主義國家、亦即自稱「代表無產階級的共產黨執政國家」為另一個陣營，兩個陣營展開了全球性的政治較量。在這樣的較量中，美國和蘇聯這兩個超級大國的策略，都是希望能夠不斷使用新的武器，來顯示自己的優勢。

◆——冷戰進入低盪時期

在古巴飛彈危機之後，美、蘇雙方的關係有所緩和，「冷戰」也由此進入一個新的階段，到了一九六〇年代末期，在形容當代國際關係時，開始頻頻有人會使用「低盪」這個詞（也有的學者會譯為「緩和」）。

最早使用這個詞的是法國總統戴高樂，他在一九六六年訪問蘇聯時曾如此倡議；這年，戴高樂是為了展開「緩和（東西方）緊張局勢，進而達成諒解，最後進行合作」的外交政策到訪蘇聯，翌年他又訪問波蘭，再過一年訪問羅馬尼亞（波蘭和羅馬尼亞都是中歐、東歐重要的國家）。

在古巴飛彈危機解除的第二年（一九六三年），美、蘇兩國協議在華府與莫斯科之間裝設「熱線」，這樣在必要時就可以及時聯繫（「熱線」這個詞聽起來像電話，但實際上是打字電報）。

三年後（一九六九年），尼克森就任美國總統，任用季辛吉為主管國家安全事務的特別助理，過了兩年（一九七一年）更命季辛吉為國務卿。也就是從季辛吉擔任國務卿這一年開始，尼克森與季辛吉聯手推行所謂的「環球和緩」。

其實在古巴飛彈危機之後，美、蘇之間之所以能在表面上趨於緩和，不僅僅是由於在古巴飛彈危機中，雙方都意識到，萬一爆發現代全面戰爭將是一件多麼恐怖的事，也因為這些年來雙方陣營都出現了一些裂痕，譬如法國不願再以美國馬首是瞻，蘇共與中共的關係也在一九五〇年代末期走向惡化，還有就是兩個陣營之間意識形態的鬥爭，似乎不像過去那麼的尖銳，因此愈來愈多人都希望能夠在資本主義制度與共產思想之間，找到一個折衷點。

然而，美、蘇之間若要和解，首先自然就是要展開關於裁軍方面的談判、尤其是關於戰略武器限制的談判，這是自一九六九年以來，美、蘇兩國談判的主要課題，兩年以後，兩國在防止核子意外事件和反飛彈條約方面，獲得了協議。

而關於戰略武器限制的談判，美、蘇雙方商定以一九七二至一九七七年為第一期談判，這是尼克森在一九七二年五月訪問蘇聯時，親自與蘇共領袖布列茲涅夫（一九〇六～一九八二年）簽下的協議。

布列茲涅夫為烏克蘭人，在古巴飛彈危機大約兩年後（一九六四年十月中），參與了推翻赫魯雪夫的政變，後繼任為蘇聯最高領導人（我們在下一章還會再介紹到他）。

翌年六月，布列茲涅夫訪問美國，與尼克森會談，雙方達成若干協議，並發表《聯合公報》，宣稱「冷戰」的敵對形勢已告結束。

實際上，要這兩大強國取得真誠的諒解，當然沒有那麼容易，在發表《聯合公報》之後，雙方在各方面、尤其是軍備方面的競爭，還是暗潮洶湧、矛盾重重。

歐洲安全合作會議

在東西方處於「低盪」時期，有一個重要的發展，就是「歐洲安全合作會議」的召開與完成。

早在二戰結束九年後、一九五四年二月，蘇聯外長在柏林會議就提出了這樣的構想，主張簽定《歐洲集體安全條約》，可是西方國家都興趣缺缺。至一九七○年左右，蘇聯把握東西方關係比較緩和的「低盪」時期，再度提出同樣的建議，並且加緊進行，先與各個國家單獨接觸，一點一滴取得了一些共識，並於一九七二年十月，同意就西歐國家在一九六八年以來所提出的「歐洲互相平衡裁軍」，展開談判，以此來爭取西方國家禮尚往來、同意與蘇聯舉行「歐洲安全合作會議」。

這項會議於一九七二年十一月，先在芬蘭首都赫爾辛基舉行了大使級的籌備會議，進行了七個月，至翌年六月結束。參加的國家一共有三十四國，包括「北大西洋公約組織」的十五個會員國（美國、英國、法國、丹麥、比利時、希臘、土耳其等），「華

「歐洲安全合作會議」的標誌。

沙公約組織」的七個會員國（蘇聯、東德、波蘭、羅馬尼亞等），還有屬於中立國、中立主義、不結盟等的十二國（包括瑞士、瑞典、奧地利、西班牙、愛爾蘭、南斯拉夫等）。

籌備會議結束之後的第二個月（一九七三年七月），正式會議召開，此時由於摩納哥的加入，使得參加的國家總數達到三十五個。

會議一開便是兩年，分三個階段，全體正式代表多達三百七十幾人，堪稱是自十九世紀初、拿破崙戰敗後，歐洲各國商討如何恢復歐洲秩序的「維也納會議」以來，最壯觀的一次國際會議。

會議結果是由三十五國一起簽署宣言，包括大家均承諾今後要互相尊重主權、避免使用武力、各國疆界不可侵犯、不干涉內政，以及要促進各簽字國之間的貿易、減少貿易障礙等等。

「歐洲安全合作會議」實際上達成了蘇聯自二戰以後就一直懷抱的目標，也就是讓西方國家都承認，「易北河以東為蘇聯所控制」的事實。

回頭再來看看美、蘇雙方戰略武器限制的後續談判，簡單來說，不僅沒有什麼實質性的進展，在不斷的談判過程中，由蘇聯所主導的「華沙公約組織」的兵力，不知不覺之間，竟還已慢慢超越了由美國所主導的「北大西洋公約組織」。

8 甘迺迪總統遇刺

在這一章結束之前，我們要來多了解一下美國總統甘迺迪。

若論貢獻，按史學家的排名，甘迺迪在美國歷屆總統中大約可排中上，但是他在大眾文化中的地位更高，儘管他在總統這個位置上，還沒做滿一屆就遇刺身亡，可一直都被大多數美國人視為美國歷史上最偉大的總統之一，這主要和他在「冷戰」期間，對於美國太空計畫的推動很有關係，在他任內還有諸多舉措，也都深深影響了美國歷史的發展。

甘迺迪也是一位極富個人魅力的總統，比方說，古巴飛彈危機發生的時候，他就任才一年多，又才剛剛經歷了「豬玀灣事件」的挫敗，可是，面對蘇聯在古巴部署飛彈這個空前的危機，他無懼於正面迎戰比自己年長二十三歲的蘇聯領導人赫魯雪夫，沉著應對，同時又展現出難得的魄力，終於很快的化解了危機，著實令世人大開眼界。

甘迺迪是一則傳奇，他是美國有史以來在**當選時最年輕的總統**，當時年僅四十三歲，至今這個**紀錄尚未被打破**。他的崛起，和他的死亡，也都相當戲劇性。

◆──甘迺迪的早年生活

甘迺迪出生於一九一七年，是一戰的晚期。他的家鄉是位於美國東北的麻薩諸塞州布魯克萊恩鎮。

不過他的曾祖父是愛爾蘭人，在十九世紀中葉為了逃荒，移民來到美國麻薩諸塞州，並在波士頓落腳，開了一家酒吧，兼營銀行業，還參與當地的政治活動，曾當選過麻州的議員。

他的父親從事過銀行業，一戰時期做過一家造船公司下屬分廠的副總經理，一戰結束後在投資股票方面賺了大錢，成為百萬富翁（那個年代的百萬富翁是很了不得的）。後來他又從政，被「小羅斯福」總統任命為新成立的美國證券交易委員會主席，之後又主持海事委員會，不久後出任美國駐英國大使。

可以說甘迺迪是「含著金湯匙」出生和成長的孩子，一九六〇年（也就是他當選為美國總統的那一年）的《財星》雜誌，還把甘迺迪家族列為美國第十二大富裕家族，估計當時擁有二至四億美元的資產。

當選時最年輕的總統——請注意，這裡所強調的是「當選時」最年輕，如果說美國「就任時」最年輕的，則是狄奧多．羅斯福（一八五八～一九一九年），華人世界都稱他為「老羅斯福」，好與在二戰時期的羅斯福總統、「小羅斯福」做區分。一九〇一年，麥金利（一八四三～一九〇一年）總統被無政府主義者刺殺身亡，當時為副總統的「老羅斯福」便繼任為總統，時年四十二歲。

紀錄尚未被打破——我們可以做一個參照，當代大家比較熟悉的兩位美國總統，克林頓（出生於一九四六年）和歐巴馬（出生於一九六一年），前者當選總統時是四十六歲，後者則是四十七歲。

一九四〇年、二戰爆發的第二年，時年二十三歲的甘迺迪從美國名校哈佛大學畢業，同年加入美國陸軍。二戰結束後不久，他開始步入政壇，擔任過眾議員和麻州參議員。四十歲那年（一九五七年），他還以一本傳記文學《正直與勇敢》榮獲「**普立茲獎**」，這是他在接受兩次背部手術後，於休養期間所寫的作品，寫了八位包括約翰·昆西·亞當斯（一七六七～一八四八年）在內的美國參議員，是如何面對時代的挑戰，又是如何在時代的巨變中，展現出無私無畏的精神。甘迺迪在獲獎後三年，就當選了美國總統，因此他是美國歷屆總統中，唯一一位獲得過普立茲獎殊榮的總統。

在一九六〇年代，以政治人物來說，四十三歲的甘迺迪還太年輕，過去從來沒有人能夠在這個年紀登上總統的寶座，事實上能夠在五十歲以前入主白宮，都算是相當少數，因此，儘管甘迺迪的活力令選民印象深刻，人氣很高，但鑒於他年輕，以及其**天主教徒背景**等不利因素，民主黨最多只傾向讓他以副總統候選人

普立茲獎——「普立茲獎」也就是「普立茲新聞獎」，創立於一九一七年，是根據美國報業巨頭約瑟夫·普立茲（一八四七～一九一一年）的遺願所設立，被稱為「新聞界的諾貝爾獎」。這個獎項最初只是新聞獎，後來又設立了包括文學、藝術在內的綜合獎項，影響力歷久不衰。

天主教徒背景——按美國過去的歷史，只有一位天主教徒競選過總統，就是一九二八年的阿爾·史密斯（一八七三～一九四四年），他是美國歷史上第一位信仰天主教的總統候選人，但是，儘管他成功贏得了民主黨內的提名，可由於西部和南部農業區的不支持，最終落敗。直到大約三十年後，甘迺迪正式成為美國歷史上，第一位信仰天主教的總統。

的身分參選。

甘迺迪拒絕了，他說：「我對競爭副總統沒有興趣，我的興趣就是競選總統，如果我要當選總統，我今年就會當選！」

接下來，甘迺迪一路過關斬將，終於贏得民主黨候選人的身分。

在大選前，甘迺迪曾經針對自己是一個天主教徒這件事，公開做過聲明，他說：「我不是天主教的總統候選人，我是民主黨的候選人，只是剛好還是一個天主教徒而已。在公共事務上，我不是代表我的教派，教派也不代表我。」

甘迺迪還表示，戰爭、饑餓、愚昧和絕望是沒有宗教界限的，相比於宗教信仰，這年的大選中還有很多更加重要的問題。

這番聲明多少消除了大眾對於他是天主教徒的疑慮。

深受媒體喜愛的總統候選人

競選期間，對甘迺迪助力最大的，就是電視這個新興媒體。

一九六〇年九月二十六日、差不多就在大選的兩個月前，甘迺迪與對手尼克森，進行了美國歷史上第一次的總統候選人電視辯論。這年，尼克森雖然也只比甘迺迪大了區區四歲，但他的從政經歷比較豐富，不但已經做了八年的副總統，又在一年前，剛剛與赫魯雪夫進行過「**廚房辯論**」，表現得很不錯。但甘迺迪毫不怯場。

根據統計，共有七千萬名觀眾收看了這場破天荒的電視辯論，這個數字大約占當時美國成人人口的三分之二，廣播電臺亦有同步轉播。有意思的是，同樣一場辯論會，廣播聽眾與電視觀眾所得到的印象，竟然完全相反——收聽廣播的民眾覺得尼克森的表現比較好，占了上風，而收看電視轉播的觀眾，則覺得當然是甘迺迪的表現要好得多！他看起來很放鬆，風度翩翩、侃侃而談，十分瀟灑，尼克森看起來則有些膽怯和狼狽，臉上的剃鬚粉被汗水隱約弄出好多古怪的痕跡。尼克森的西裝顏色也選得不對，不僅顏色太淺、看起來不夠穩

1959 年尼克森（右）與赫魯雪夫（左）的「廚房辯論」。

廚房辯論——一九五九年七月下旬，在莫斯科舉行的美國國家博覽會開幕式上，尼克森與赫魯雪夫透過他們的口譯員，展開了一場關於東西方意識形態和核戰爭的論戰，由於兩人恰巧是在廚房用具展臺前辯論起來的，所以被稱為「廚房辯論」。

重，還跟淺灰色的舞臺背景幾乎同色，整個人都彷彿化成了一個模糊的人影，而甘迺迪的深色西裝在光線的反差中，顯得十分有精神——更不要說甘迺迪本來就比尼克森要帥很多。

總之，一句話，甘迺迪在電視上的優勢實在是太明顯了。接下去兩人又進行了三次電視辯論，尼克森在電視辯論的表現欠佳，被認為是他後來大選失利的重要原因之一。

電視這種新興媒體，首次在政治中成為重要的宣傳工具，這是當代電視傳媒發展的一座重要里程碑。

◆正式開啟執政

大選結果，甘迺迪以些微的差距打敗了尼克森。

一九六一年一月二十日，甘迺迪就任美國總統，就職演說是他親自所寫的，他說：

1960 年參加電視辯論的甘迺迪（左）與對手尼克森（右）。這是美國史上首次總統候選人電視直播辯論會。

「為了確保自由的存在和自由的勝利，我們將付出任何代價、承受任何負擔、應付任何艱難、支持任何朋友、反抗任何敵人……在漫長的世界歷史中，只有少數世代，有幸擔負起在最危急關頭時捍衛自由的使命。我對這樣的責任毫無畏懼，當仁不讓……

同胞們，不要問國家能為你們做些什麼，而要問你們能為國家做些什麼……」

這場就職演說非常成功，在甘迺迪發表演說之後，大約有四分之三的美國民眾都認可了他們的新總統，表示甘迺迪平穩度過了權力交替的時期。「不要問國家能為你們做些什麼，而要問你們能為國家做些什麼」這兩句，更是成了甘迺迪的名言。

在甘迺迪任內發生的主要事件，除了「豬玀灣事件」、古巴飛彈危機之外，還有美國深度介入越南戰爭、與蘇聯的太空競賽等等。

為了與蘇聯的太空競賽，甘迺迪所決定的政策引領了「NASA」（美國太空總署），在一九六九年七月十六日，成功達成「阿波羅登月計畫」的壯舉，也使得美國人收穫了大量的高科技優勢。

此外，甘迺迪在內政方面也有一些建樹，包括推動民權法案、實施一系列經濟措施等等，這些經濟措施對於加速美國經濟復甦，產生了一些積極的促進作用，可是對於解決失業問題卻成效不大。

一九六三年十一月二十二日，時年四十六歲的甘迺迪遇刺身亡。極其戲劇性的是，儘管兇手在當天就被抓到了，然而三天後，正當警方要把兇手移送監獄時，竟然又有人在混亂中槍殺了這個兇手。由於當時全美的廣播公司都在報導警方遞解罪犯的過程，竟因此意外將這一次的謀殺進行了「現場直播」。

甘迺迪總統遇刺案疑點重重，人人都想知道到底是誰殺了甘迺迪，但至今仍是懸案，遂由此催生了很多文學及影視作品。

1969 年，美國 NASA 完成「阿波羅登月計畫」（也稱「阿波羅 11 號任務」），首次達成了人類登上月球的目標。

第四章 蘇、中、美的重大轉變

經過了第二次世界大戰的衝擊，各國漸漸找到在國際上立足的位置。在這一章，我們將針對蘇、中、美三國，看看這三個國家，在西元一九五、六〇年代，都各有哪些重大的轉變。

1 布列茲涅夫時代的蘇聯

一九六四年，赫魯雪夫在政變中被趕下臺，時年五十八歲的布列茲涅夫參與了這場政變，後來繼任為蘇聯最高領導人。不過，一開始布列茲涅夫只是一位黨書記，他接下來花了十三年的時間，慢慢建立起自己的優勢地位，並於一九七七年、七十一歲時才成為元首，也就是蘇維埃主席團主席以及武裝部隊的統帥，當時他的軍階是元帥。

除了史達林，布列茲涅夫是蘇聯任期最長的統治者，至他七十六歲病故為止，在位十八年期間（一九六四～一九八二年），蘇聯的軍事力量固然大為提高，核武器的數量也超過了美國，蘇聯歷史性的成為軍事上的超級強國，但國內很多嚴重的社會問題，依然未能解決。

◆ 布列茲涅夫的崛起

一九〇六年，布列茲涅夫出生於烏克蘭一個冶金工人的家庭。二十多歲時，雖然也至農業大學學習過，又畢業於冶金學院，獲得學士學位及冶金工程師職稱，但他給世人的印象，大多是一個沒有受過什麼良好教育、知識貧乏，對任何事又都不求甚解的人，面對別人的提問，往往只會用「我們會研究研究」、「我們會考慮考慮」之類的說法來應付。在發表公開演說的時候，布列茲涅夫只能低著頭照稿子念，如果沒有稿子，他往往連一句完整的話都說不出來；曾經有一次，他的祕書忙中有錯，給錯了講稿，他也毫無所覺的照念，都沒有發現從自己嘴巴裡念出來的話，和當天的演說主題根本毫不相干。

一九七五年，在東西方冷戰的「低盪」時期，法國總統**德斯坦**（生於一九二六年）訪問莫斯科，談及樂見政治關係中的「低盪」擴及到思想領域時，布列茲涅夫倒是罕見的，不等祕書遞來講稿就斷然拒絕道：「在意識形態上沒有『低盪』！」同年十月下旬，俄國歷史悠久的《真理報》，在發文紀念一九〇五年的革命時還特別聲明，蘇聯和西方世界的和解有一定的限度，所謂的「和解」

布列茲涅夫的肖像畫。

德斯坦——德斯坦在一九七四至一九八一年擔任法國總統。他因起草《歐盟憲法條約》，被譽為「歐盟憲法之父」，又因於一九七九年，與當時的德國總理施密特（一九一八～二〇一五年）共同倡議，建立了歐洲貨幣聯盟，為歐元奠定了基礎，而被稱為「現代歐元之父」。

並不表示就是停止了思想的鬥爭，並重申蘇聯將繼續保持對世界各國共產黨，堅定支持的不變立場。

布列茲涅夫早期（一九六〇年代）依然強調集體領導，這個時期的領導核心相對穩定，但是自七〇年代開始，他逐步加強個人權力、廢除集體領導原則，還大量提拔自己的親信，放縱他們插手政府的事務、過問國家的外交工作。

在布列茲涅夫執政前期，對蘇聯的經濟層面做了一些改革，改革所涉及的面比較廣泛，使蘇聯的經濟管理體制發生了很多變化，一度也取得了明顯的效果，因此整體經濟實力有所增強，可以說在布列茲涅夫時期，蘇聯的國家實力和國際影響力都達到了鼎盛。不過到了後期（一九七〇年代後半期），蘇聯經濟增長的速度就慢了下來，蘇聯的經濟體制不適應生產力發展要求的弊端，也日益暴露。

此外，在布列茲涅夫任內，對史達林的評價慢慢又有所肯定，開始允許在一些政府文宣和文藝作品中正面提到史達林，甚至在史達林的墓前安放了一座他的半身銅像，以示崇敬。布列茲涅夫本人也曾稱頌「以史達林為首的國防委員會，領導了反擊敵人的一切行動」，「在動員蘇聯所有力量方面做了大量的工作」。

重要執政成果

下面我們就來重點式的看看布列茲涅夫在位時期，都有哪些重要的舉措。

軍事實力提升

在軍事方面，布列茲涅夫將蘇聯百分之八十五以上的工業投資，都用於發展重工業和軍事工業，並強調發展戰略核武器和遠洋海軍，是蘇聯軍事工業發展的重點。在這樣的原則下，蘇聯的軍費逐年增加，在赫魯雪夫下臺第二年（一九六五年），蘇聯的軍費開銷是三百二十六億盧布，十六年後（一九八一年）增加至三．七五倍。

這麼一來，蘇聯軍事實力便迅速增強，逐步改變了美、蘇之間軍事力量的對比。蘇聯只花了不到十年的時間，就取得了對美國的戰略均勢地位，步入超級大國的行列。而美、蘇在軍事力量上的勢均力敵，自然加劇了雙方在全球範圍之內的爭霸。

在布列茲涅夫執政後期，蘇聯每年軍費開支大約占財政支出三分之一以上。儘管布列茲涅夫後來與美國總統尼克森，簽署了一些緩和軍備競賽的協議，諸如《限制反彈道導彈防衛系統條約》、《限制進攻性戰略武器特定措施的臨時協定》，然而，雙方之間的關係並沒有就此走上緩和的軌道，反而由於一九七九年，布列茲涅夫下令發動入侵阿富汗的戰爭，而陷入全面的對抗。

發達社會主義

一九六七年十一月，布列茲涅夫首次提出「發達社會主義」的概念，宣稱蘇聯已建成發達的社會主義。十年之後，布列茲涅夫進一步闡述說，「成熟的、發達的社會主義階段，是從資本主義走向共產主義的道路上，一個相當漫長的發展階段」，這個社會的宗旨，是依靠強大的先進工業以及大規模高度機械化的農業，把愈來愈能充分滿足公民多方面的需要，做為社會發展直接、且主要的目標。

布列茲涅夫認為，發展重工業，無論是在過去或是現在，都是蘇聯經濟政策不變的原則，是完成一切國民經濟任務的前提。為此，布列茲涅夫理所當然的把百分之八十五以上的工業投資，都用於發展重工業。

霸權主義

在布列茲涅夫的主導下，蘇聯的「大國沙文主義」逐漸演變成「霸權主義」，意思就是說，蘇聯不但強行把自己推行社會主義的模式，推薦給東歐社會主義國家和中國，還動輒干預別國的內政，有時還不惜動用軍事手段來推行這種干涉。

其中一個典型的例子，便是蘇聯在一九六八年入侵捷克斯洛伐克，鎮壓「**布拉格之春**」。

不久，布列茲涅夫就提出「有限主權論」來為此侵略行為做辯護，意思是說，在當代國際社會中，「主權」的概念已經過時，主張用「聯合主權」來代替單一的國家主權，因此，當國內外社會主義敵人，直接威脅到社會主義陣營的共同利益時，蘇聯就應該義無反顧，以軍事方式來援助兄弟國家消除這樣的威脅。

歐洲緩和

在鎮壓了「布拉格之春」之後，布列茲涅夫為擺脫此一侵略事件給蘇聯外交帶來的困境，遂在翌年提出了

「布拉格之春」運動中，捷克斯洛伐克人民舉著國旗，攻擊蘇聯坦克。這波民主浪潮的崛起，使蘇聯備感威脅而採取武力行動。

布拉格之春——這是指一九六八年，從一月五號開始，在捷克斯洛伐克國內發生的一場政治民主化運動，持續了七個多月，直到八月二十日，因蘇聯及「華沙公約組織」會員國武裝入侵而告終止。

關於「歐洲緩和」的設想和主張。兩年後（一九七一年），布列茲涅夫在「蘇共二十四大（第二十四次代表大會）」召開時，正式提出了六點「和平綱領」，並宣布要把與西方世界的「緩和」，做為蘇聯外交的重點。

在此政策正式確立之後，蘇聯便利用當時一系列對他們有利的國際局勢，包括美國深陷越戰的泥沼、美國國內「新孤立主義」思潮的興起、西方世界普遍都面臨著經濟危機等等，大搞「緩和外交」。我們在上一章中提到過的「歐洲安全合作會議」，就是蘇聯「緩和外交」的一大成績。

一代傳「奇」人物

關於布列茲涅夫，有很多「奇事」，比方說，他對獎章非常癡迷，按一九九一年出版的《金氏世界紀錄》顯示，布列茲涅夫是世界上「獲獎章最多的人」，一生獲得一百一十四枚各式各樣、國內國外的勛章。

同時，他還對頒發獎章樂此不疲，非常喜歡以頒發獎章這種方式，來頌揚自己治理的蘇聯社會，簡直是到了上癮的程度。一回，他從連續劇裡看到一個出色的偵察員，非常欣賞，便派人去找這個偵察員（他誤以為劇中演出是真人真事），想要頒發獎章給他。稍後，即使當他得知此人根本不存在、只不過是一個虛構的人物時，他還是不死心，竟然就把獎章頒給了那個飾演偵察員的演員！

從此，布列茲涅夫就養成一個習慣，每當從電影、電視中看到喜歡的演員，就把他們叫過來，頒給他們一枚獎章。頒發獎章成了布列茲涅夫執政後期，重要的工作之一。

布列茲涅夫還有一個怪癖，這恐怕是他留給世人最鮮明的印象，那就是「布列茲涅夫之吻」。在布列茲涅夫執政時期，他發展出一種男人互相接吻的禮節，各國政要在與其會面時，無不心不甘、情不願的被強吻，而他的部屬，私底下雖然大多對此做法都非常反感，但是都敢怒不敢言，想想他們確實是慘多了，畢竟那些各國政要偶爾才會被布列茲涅夫強吻一次，但他們可不一樣啊。

2 中國文化大革命與鄧小平改革開放

新中國在一九四九年建立以後，原本按照建國初期的構想，至少需要十到十五年的時間、也就是至少要到六〇年代以後，才有可能出現理想的社會主義制度。然而，在建國四年（一九五三年）就已完成土地改革，進而又在短短幾年的時間之內，陸續完成「**農業合作化**」運動，和城市工商業的社會主義改造（至一九五七年，不僅幾乎全國農民都已加入「生產合作社」，工商業社會主義改造也大體完成）。

大躍進

中國共產黨黨主席毛澤東遂充滿了信心，對於原定的漸進計畫深感不耐，想要更快速、更全面的建立社會主義制度，於是從一九五八年下半年開始，大膽推動了「人民公社」制度與「大煉鋼」運動兩項政策，被稱做「大躍進」，想要以最快的速度跨進社會主義的天堂。

中國農民在人民公社食堂吃飯的情景。這樣「集體生產、集體生活」的政策後來被證實，並無助於提升整體生產力，終告失敗。

農業合作化——所謂「農業合作化」運動，簡單來講，就是要求基層官員動員農民組建「生產合作社」，打破過去傳統以「一家一戶」為生產單位的格局，而是改採集體制來耕作。農民先以各自擁有的生產工具（主要是牲畜和農具）與田地「入股」合作社，等到年終收成時，再按大家的貢獻、包括出了多少勞動力以及「入股」田地的大小等等，做為基準來計算和分配，最後定出每個人應該獲得多少收成。

「人民公社」是一種農業和工業相結合的基層組織單位，全國第一個「人民公社」成立於一九五八年七月一日。「大煉鋼」運動則是指在一九五七年十一月至一九五八年十二月期間，中國共產黨在全國範圍內，開展的一項全民煉鋼運動。

事後證明，「大煉鋼」運動違背了國民經濟正常的發展規律，造成人力、物力和財力極大的浪費，還削弱了農業，衝擊了輕工業以及其他實業，並嚴重影響了人民的生活，對人民來說，就是一場災難。

更糟糕的是，由於全國普遍掀起「大煉鋼」運動，不少地方也動員興修水利，在大批青壯年都紛紛被徵調去煉鋼或從事勞役的情況下，導致一九五八年的秋收工作被嚴重耽誤，許多農作物都因來不及採收而白白爛在田裡。從這年年底開始，全國不少地方都逐漸出現有人餓死的現象。

「大煉鋼」時期用來煉鋼的土高爐。在缺乏技術的情況下，「大煉鋼」運動，嚴重影響了當時的民生與農、工業。

從一九五八年底到一九六一年中，是「三年饑荒」時期。在這三年之內究竟有多少農民餓死，一直沒有確切的數字，不過有學者從後來一九八二年，中共官方進行人口普查的數據來推算，發現在「三年饑荒」時期，全國大約有超過兩千萬的人是屬於非正常死亡，這實在是一個非常恐怖和悲慘的數字。

在一九六〇年初，毛澤東終於了解到事態的嚴重性，之前儘管有過不止一個同志為民請命，批評「大躍進」，可是都沒有結果，只落得被整肅的命運。因此毛澤東在一九六〇年下半年，終於悄悄將「大躍進」政策做了調整，至此，「大躍進」這個屬於天馬行空式、企圖向共產社會大跨步邁進的嘗試，終於以「三年饑荒」這樣巨大的代價慘烈收場。

文化大革命

稍後，毛澤東本人也在黨內會議上做了自我檢討，從一九六一年以後，經濟決策權逐漸落到了像劉少奇（一八九八～一九六九年）、周恩來（一八九八～一九七六年）、陳雲（一九〇五～一九九五年）、鄧小平（一九〇四～一九九七年）等，行事比較穩健的官員手裡，在經濟方面的相關議題，毛澤東沒有太多插手的餘地。

可是，劉少奇等人所執行的務實經濟政策，在毛澤東看來無疑是「修正主義」，目的根本就是在搞垮社會主義，因此，從一九六一至一九六五年，儘管好不容易國內經濟局勢逐漸好轉，毛澤東對劉少奇這批官員的不滿情緒卻愈來愈高。

這種不滿，最終在一九六六年五月，毛澤東運用大眾對他的崇拜力量，正式引爆了「文化大革命」，他一方面以更激進的方式，宣稱要徹底打破舊制度、改造全民的舊思想，另一方面在黨內進行政治鬥爭，陳雲、鄧小平被「下放」（意思是說將幹部和知識分子，調到工廠、農

文化大革命時期，村民群聚學習在當時被稱為「紅寶書」的《毛語錄》。

村等基層去工作和生活），劉少奇更因受到政治陷害和人身摧殘，在「文化大革命」展開三年後病逝。

一九七六年九月九日，毛澤東病逝北京，享年八十三歲。毛澤東生前擇定的接班人華國鋒（一九二一～二〇〇八年）遂成為名義上的黨、政、軍領袖，不過軍權實際上還是被控制在國防部長葉劍英（一八九七～一九八六年）的手裡。

在毛澤東過世還不到一個月、十月六日時，華國鋒在葉劍英的支持下發動政變，以毛澤東遺孀江青（一九一四～一九九一年）為首的文革激進派被補，持續了十年的「文化大革命」終告結束。

在「文化大革命」結束五年後、一九八一年六月下旬，中共在一次重要會議上回顧了「文化大革命」十年的經過，在文件中特別提到：「文化大革命」這十年，使黨、國家和人民，遭到了建國以來最嚴重的挫折和損失。

◆鄧小平時代

在毛澤東過世以後，華國鋒短暫的主持了兩年的政局。一九七八年十二月，中共十一屆三中全會召開，在文革（文化大革命的簡稱）中曾經被鬥倒的大批中國共產黨內菁英，以時年七十四歲的鄧小平為首，發動了大反撲，重新奪回決策權以及意識形態的發言權，「鄧小平時代」就此展開。

鄧小平之所以能夠在毛澤東死後一年復出，然後再過一年，就取代了華國鋒這個由毛澤東所指定的接班人，除了他本身的政治實力之外，也與當時社會上普遍要求改革的心理有關。

支持鄧小平主政的黨內多位元老，幾乎都有過在文革中遭受迫害和凌辱的經驗，也都親眼目睹，狂熱的政治運動對於民生經濟會造成多麼嚴重的破壞，因此，無論是對中共領導階層或是對一般老百姓，改革似乎都是一個必然的選擇。

鄧小平相當長壽，享年九十三歲，是中國特色社會主義道路的開創者，所倡導的「改革開放」政策理念，更是改變了二十世紀後期的中國，也影響了全世界。他曾在一九七八年和一九八五年，兩度獲選美國《時代週刊》的「年度風雲人物」。

鄧小平所推動的改革是多方面的。在政治

鄧小平採取「改革開放」路線，曾於1979年訪問美國。後方為當時的美國總統卡特。

上，他平反了包括劉少奇在內，大批過去因為政治立場問題而遭到整肅的人士，並且調整了黨組織，將長期以來代表黨中央領導地位的黨主席職位取消，改由「總書記」來負責黨務，改以「集體領導」來取代過去的「一人獨裁」。在法治上，從一九七九年開始，全國人民代表大會開始大量制定各種必備的法律，包括《刑法》、《刑事訴訟法》、《各級人大選舉法》、《各級人大和人民政府組織法》等等。在經濟上，他加快了引進外國技術與資金的步伐，並實施一系列振興經濟的措施，成果斐然。

3 馬丁・路德・金恩與美國黑人民權運動

馬丁・路德・金恩（一九二九～一九六八年）是一位牧師，同時也是一位社會活動家，是「美國黑人民權運動」的領袖，二〇〇六年，在美國極具公信力的《大西洋雜誌》「影響美國的一百位人物」評鑒中，被評為第八名，影響力可見一斑。由於他擁有神學博士學位，所以一般都習慣稱他為「金恩博士」。

美國黑人民權運動

「美國黑人民權運動」，又稱為「非裔美國人民權運動」，興起於一九五〇年，直至一九七〇年，是「美國民權運動」的一部分。

這個運動的興起自然有其歷史背景。理論上，在「南北戰爭」期間，林肯總統（一八〇九～一八六五年）於一八六三年所發表的《解放奴隸宣言》中，已經讓無數的黑奴獲得了自由；戰後在聯邦軍隊占領南方期間（所謂的重建時期，一八六五～一八七七年），黑人也確實獲得解放宣言中所賦予的平等權利，可事實上，由於黑人的教育程度普遍較低，而且又普遍比較貧困，到頭來為了生存，還是得靠白人的僱傭。當南方重建時期結束、聯邦軍隊撤出南方以後，黑人頓失聯邦法律的保護，地位又陷入了類似「南北戰爭」以前的狀況。

之後經過幾十年，非裔美國人的人數雖然很多，但長期受到種族歧視，處於社會的最底層。在二戰結束以後，眼看亞洲和非洲國家有色人種，在爭取民族獨立時都大有斬獲，給了美國黑人很大的鼓舞。再加上由於工業化的進展，使大批黑人流入城市，黑人的地位問題逐漸成為美國全國性的問題，激發了「美國黑人民權運動」的興起。

從一九五〇年代中期至六〇年代中期，美國黑人為了反對種族歧視和壓迫，積極爭取政治經濟和社會平等的權利，迫使政府逐漸做出一些正面的回應。譬如在一九五四年，美國聯邦最高法院判定實施種族隔離的學校違法；一九五五年，阿拉巴馬州蒙哥馬利市，黑人公民以全面罷乘，來抗議公車上的黑白隔離措施……這一系列經由非暴力的抗議活動，來爭取黑人民權的運動，金恩博士絕對是其中最重要的靈魂人物。他於一九六三年、三十四歲那年在華盛頓特區林肯紀念堂廣場，發表的那篇著名的演說《我有一個夢》，更是「美國黑人民權運動」的高潮。

金恩博士於 1963 年發表演講《我有一個夢》，這場演講影響深遠，也激勵了許多民權運動者。

「朋友們，今天我要對你們說，儘管眼下困難重重，但我心中依然懷抱著一個夢，這個夢並不是我天馬行空所想像出來的，而是本來就一直深深植根於我們的美國夢之中。

我夢想著有一天，這個國家將會真正實現其立國信條的真諦，我們認為這些真理不言而喻，那就是——人人生而平等。

我夢想著有一天，在喬治亞洲紅色的山崗上，不管過去你的祖輩是奴隸或是奴隸主，現在都能同席而坐，親如手足。

我夢想著有一天，甚至連密西西比州——這個目前看來充滿非正義和壓迫、讓人喘不過氣來的熱浪之地——有一天，也能改頭換面成為自由公正的青青綠洲。

我夢想著有一天，我四個年幼的孩子，將生活在一個以品格優劣，而不再是以膚色做為評判標準的國家裡。

今天，我仍有這個夢想。

我夢想著有一天，阿拉巴馬州會有所改變，在那裡，黑人兒童和白人兒童能夠恍若兄弟姐妹般，攜手並行——儘管該州州長現在仍固執的表示，堅持拒絕執行聯邦法令，甚至還要提出異議……

今天，我仍有這個夢想……」

《我有一個夢》被公認為是美國歷史上最優秀的演講之一，而一九六三年的這個活動（「華盛頓大遊行」）、尤其是金恩博士的這場演講，使民權運動成為當時美國內政的首要議題，有力推動了翌年通過《民權法案》。《民權法案》的主要內容，包括防止黑人在學校、住房、公共場合、就業等各方面受到歧視，並保障黑人的選舉權和參政權。如果沒有《民權法案》，美國在二〇〇八年，就不可能出現歐巴馬這位有史以來第一位非裔總統了。

蒙哥馬利罷乘運動

金恩博士出生於一九二九年初，正是經濟大恐慌的那一年；該年十月下旬，紐約股市大崩盤，隨即引發了連鎖反應，造成世界性的經濟蕭條。

出生時，他的名字叫做麥可·金恩，後來他父親為了想要紀念十六世紀時，帶動歐洲宗教改革的領袖馬丁路德（一四八三～一五四六年），便將他的名字改為「小馬丁·路德·金恩（Martin Luther King Jr.）」（在他的名字中有一個「Jr.」，代表「junior」，就是「小」的意思。在美國經常會有父子同名的情況，通常就會在兒子的名字之後放一個「Jr.」，金恩博士的父親便是採取類似的做法）。

金恩博士出生於位於美國東南方喬治亞州的首府亞特蘭大，他在《我有一個夢》中提到的「在喬治亞洲紅色的山崗上」，應該就是指該城市東郊的石山公園。

金恩博士在二十五歲成為浸信會牧師，同年當選為「蒙哥馬利市有色人種協進會」執行委員（蒙哥馬利市是阿拉巴馬州的首府），翌年（一九五五年）十二月被推選為「蒙哥馬利改進協會」主席，然後在當月就和夥伴發起了「蒙哥馬利罷乘運動」，進行得轟轟烈烈。

所謂「罷乘」是指拒坐公車，這個事情的緣由是這樣的——美國南部各州，包括金恩博士在《我有一個夢》演講中提到的喬治亞州、密西西比州、阿拉巴馬州等等，從十九世紀七〇年代開始，制定了對黑人實行種族隔離或種族歧視的法律。一九五五年十二月一日，蒙哥馬利一位黑人在乘坐公車時，因為拒絕將自己的座位讓給白人而被補入獄，金恩博士等人遂發起「蒙哥馬利罷乘運動」，持續了三百八十五天，期間由於情勢緊張，金恩博士的家還遭到炸毀，金恩博士也曾被捕入獄，可他還是堅持了下來，繼續領導抗議。最終這場運動由黑人族群獲勝，聯邦地區法院宣布，認定阿拉巴馬州法律以及地方法律中，要求在公共汽車上進行種族隔離的

非裔美國人羅莎．帕克斯因在公車上拒絕讓座給白人被捕，事件迅速延燒，爆發「蒙哥馬利罷乘運動」。

做法是違憲的，行之有年的蒙哥馬利公交車的種族隔離制度，就此宣告終止。

在前後超過一年的「蒙哥馬利罷乘運動」期間，年輕的金恩博士所起到的重要作用，使他風靡全美，成為最著名的民權運動的代言人。

在「蒙哥馬利罷乘運動」落幕後、一九五七年八月，金恩博士建立了「南方基督教領袖會議」，並當選為首屆主席。十一年後，金恩博士就過世了，而他生前一直都是這個組織的主席。這個組織成立的宗旨，是在充分利用黑人教會的道德權威和組織能力，指導大家如何以非暴力抵抗活動的方式，來促進民權改革。

「南方基督教領袖會議」成立當年，就在華盛頓特區舉辦「為了自由的禱告朝聖」，金恩博士第一次面對全國觀眾發表演說。他是一個非常出色的演說家，演講極富感染力，打動了無數人的心。

◆人權鬥士：金恩博士

接下來，儘管金恩博士所領導的活動也並不全然都是成功的，譬如一九六二年，他在喬治亞州奧巴尼發起的反種族隔離的抗爭，就以失敗收場。但是透過這些活動，南方黑人在日常生活中所遭受到的各種剝削和侮辱、那些頑固種族隔離主義者對民權運動者和遊行示威群眾的暴力，經由報紙和電視的新聞報導，引起了大眾的關注，更激起一波高過一波輿論同情的浪潮。尤其是當民權運動者組織的非暴力抗議活動，竟頻頻遭到警方粗暴的對待時，大大激起了許多美國人的義憤。當時，大多數美國人，都把民權運動視為一九六〇年代早期，美國政壇最重要的事。

金恩博士在這些活動中展現了超群的領導能力。他很懂得如何策略性的運用非暴力的抗議方式，整體來說，帶領黑人族群取得了巨大的成功。

一九六三年四月中，金恩博士在阿拉巴馬州伯明罕，領導了大規模的群眾示威遊行；八月下旬，為了爭取黑人的工作機會和自由權，金恩博士發起「向華盛頓進軍」活動，率領二十五萬名黑人，向位於華盛頓特區的林肯紀念堂「自由進軍」，然後發表了那場對美國、乃至對全世界都頗具影響的演說——《我有一個夢》，其中主題是關於黑人民族平等。

「向華盛頓進軍」同年，金恩博士成為《時代週刊》年度人物，更在第二年被授予諾貝爾和平獎。

一九六八年四月四日，金恩博士遭種族主義者暗殺，終年僅三十九歲。金恩博士遇刺的消息震撼全美，短短兩天之內，全美一百多個城市都因此爆發了不同程度的騷亂。兇手在事後就竄逃出境，兩個月後在英國倫敦的機場被補，後來判處了九十九年的徒刑。

金恩博士在生前最後幾年，除了民權運動，也相當關注美國的貧窮問題和越戰問題。在金恩博士過世九年後（一九七七年），剛卸任的福特總統（一九一三～二〇〇六年）向他追贈「總統自由勳章」。

到了二〇〇四年、金恩博士過世三十六年後，美國國會決議向他追贈「國會金質獎章」。

這兩個獎章，都是美國平民所能獲得的最高榮譽。

金恩博士所獲得的表彰還不止這些。在一九八六年，美國還將每年一月的第三個星期一，定為「馬丁·路德·金恩紀念日」，是美國的聯邦假日之一；全美有數百條街道都是以他的名字命名；二〇一一年，位於華盛頓特區國家廣場的「馬丁·路德·金恩紀念碑」正式開放；此外，每年仍有很多人，只要一到亞特蘭大，都一定會去金恩博士的故居以及紀念館緬懷……金恩博士至今仍活在很多人的心中。

刻有金恩夫婦頭像的國會金質獎章。此為銅製複本。

第五章　開放的年代

至此，現代史即將畫下句點，
在最後這一章，我們將要講述兩個重點，
也就是「冷戰」的結束，以及「柏林圍牆」的倒塌
（其實這兩者也就是同一回事）。

1 戈巴契夫與蘇聯的開放

西方一般都對戈巴契夫（生於一九三一年）有很高的評價，這一點從戈巴契夫在一九九〇年榮獲諾貝爾和平獎，就足以證明，因為這是一項極具政治意義的獎項。

獲獎後過了十五年（二〇〇五年）、在戈巴契夫早已卸任蘇聯總統之後，德國統一委員會又頒給他「**阿爾法檢查站獎**」；又過了三年，戈巴契夫在美國受頒自由勳章。這些都是很高的榮譽。

二〇〇六年七月，在英國、法國、德國、西班牙和義大利所做的民意調查表明，大部分的歐洲人都認為戈巴契夫是比現任俄羅斯總統普丁（生於一九五二年），還要更優秀的國家領導人，而且兩人的支持率還頗為懸殊，支持戈巴契夫的是百分之五十九，支持普丁的則是百分十二。

西方人如此推崇戈巴契夫，主要是認為他對結束「冷戰」有很大的貢獻。

但是站在很多俄羅斯人、尤其是民族主義者，以及俄羅斯一些高層領導的立場，則會認為戈巴契夫是蘇聯文明主要的摧毀者，是俄羅斯的民族罪人和共產主義的叛徒，原本世界第二強國的命脈，就是斷送在戈巴契夫的手裡。他們認為戈

阿爾法檢查站獎——當年與戈巴契夫同時獲獎的還有兩位，分別是美國前總統布希（華人世界俗稱「老布希」，一九二四～二〇一八年）和德國前總理科爾（一九三〇～二〇一七年），表彰他們對德國統一所做出的貢獻。

巴契夫無論是對內對外，他所謂的改革政策都過於草率、不切實際，對西方、特別是對美國又過分的依賴。

還有不少人指責戈巴契夫的虛榮心太強，為了想要博取西方國家的認同與讚美，往往一味迎合西方的標準，違背了他自己當初宣稱要建設「民主的社會主義蘇聯」的初衷，背叛了共產主義事業，結果不僅導致蘇聯的解體，還連帶造成蘇聯解體後，俄羅斯經濟的急速衰退……

可以說目前世人對於戈巴契夫的評價，是呈現兩極分化的趨勢，或許還要再經過很多年，才能對其產生一個比較客觀、或是比較一致的看法。

艱困的早年生活到正式掌權

戈巴契夫出身貧寒，一九三一年三月初出生於蘇聯南部，一個小村子的農民家庭，父親是村子裡集體農莊的機修工。在上學以前，戈巴契夫大多都是和祖父母住在一起。

戈巴契夫出生於農村家庭，從小與祖父母一起生活。攝於 1930 年代晚期。

在他六歲那年，由當時蘇聯領導人史達林所主導、已經展開三年的「**大清洗**」，也波及到了他們家，他的外公和爺爺都被逮捕，外公的罪名是破壞集體農莊的經濟實力，爺爺的罪名則是沒有完成播種計畫（實際上爺爺只是因為沒有種子，不是故意偷懶）。

一九四一年、二戰正式爆發第三年，當戰況持續擴大、納粹德國發動侵略蘇聯的戰爭時，戈巴契夫年僅十歲。他們家沒有撤退到比較安全的「大後方」，而是在距離前線不遠處從事農業勞動，於是在戰爭期間，年幼的戈巴契夫無法正常學習，只能一邊勞動、一邊讀書。

戰後，少年戈巴契夫開始到當地的農機站當臨時工，或是在聯合收割機上充當助手。由於他工作相當認真，表現也很好，在十八歲時便被授予「勞動紅旗」的勳章。

翌年，戈巴契夫進入莫斯科大學法律系學習。兩年後、二十一歲那年，他加入了蘇聯共產黨，然後就慢慢往上爬。經過二十幾年的奮鬥，戈巴契夫在四十九歲的時候，成為最年輕的蘇共中央政治局委員，並成為主管蘇聯農業部的書記。

再過幾年，時年五十三歲的戈巴契夫被宣布為「蘇聯第二號人物」，成為政治局的核心成員，主管經濟、農業、教育、意識形態和外交事務，可以說在領導

大清洗——「大清洗」是指在一九三四年爆發的一場政治鎮壓和迫害運動，持續了四年，至一九三八年結束。最後兩年（一九三七～一九三八年）被稱為蘇聯「大恐怖」時期，在這兩年之內，多達一百三十萬人被判刑，其中近七十萬人遭到槍決，確實非常恐怖。

階層裡，他已經是一個舉足輕重的人物。

就在被宣布為「蘇聯第二號人物」的次年，第一號人物、原來的總書記病逝，戈巴契夫遂在多位同志的支持之下，當選為蘇共中央總書記以及蘇聯國防會議主席。

正式開啟改革執政

戈巴契夫主政的時間為一九八五至一九九一年，從五十四歲做到六十歲，前後六年。對於大多數的老百姓來說，戈巴契夫給人的感覺相當清新，既不像史達林那麼暴力，也不像布列茲涅夫那麼死氣沉沉，而且還相當直率，因此頗令人耳目一新。

戈巴契夫所提出來的改革，名為「開放政策」，是在一九八六年、在他上臺第二年所確立的。這年二月二十五日至三月六日，戈巴契夫在「蘇共二十七大（蘇聯共產黨第二十七次代表大會）」的報告中，用「進入發達社會主義」一詞，來代替「建成發達社會主義」做為施政目標，並且提出「加速戰略」和實行「徹底改革」的方針。輿論對於這次的大會十分關注，普遍認為是戈巴契夫時代正式的開始。

然而，還沒等戈巴契夫大施拳腳，就在「蘇共二十七大」落幕一個多月以後、四月下旬，在蘇聯統治下烏克蘭境內車諾比的核能電廠突然爆炸，造成三十一人死亡的慘劇。大約有三十萬人被迫放棄遭到輻射污染的家園，連帶受到影響的人數則高達數百萬之多，這個事故被認為是歷史上最嚴重的核電事故。

原本在布列茲涅夫執政後期，經濟不景氣、環境污染、公共衛生衰退等等，都已經是很難應付的問題，在「車諾比事故」之後，蘇聯的經濟、生態與管理，更是雪上加霜，受到極大的影響。

不過，由於戈巴契夫已經宣布了「開放政策」，因此，後來基本上並沒有用蘇共慣用的祕密手法，來處理車諾比這場嚴重的事故。

之後，戈巴契夫也讓一些政治異議分子重獲自由、讓數千名史達林時代的受害者官復原職，又提倡漸進性的農業集體化，承認政府應該為二戰期間，發生在

1986 年 4 月車諾比核電廠發生爆炸，造成嚴重的輻射汙染。圖為位於烏克蘭的普利皮亞特，是受到輻射污染而被遺棄的城市之一。

卡廷森林數千名波蘭軍官的大屠殺負責等等，這些都展現了戈巴契夫務實自信的作風。

對外的開放政策

至於外交政策，戈巴契夫大膽的放棄軍備競賽，並且減少派遣前往扶助東歐附庸國的軍隊，以裁減龐大的物資及國家費用。

一九八七年底，戈巴契夫訪問美國，與美國總統**雷根**（一九一一～二〇〇四年）簽署了歷史上第一個核裁軍條約《中程飛彈條約》。

差不多在兩年後、一九八九年十月初，戈巴契夫到東德進行國事訪問，期間明確取消了當年布列茲涅夫「有限主權論」的政策（我們在上一章中提到過這個政策，就是說當這些東歐附庸國，國內社會主義陣營的共同利益受到威脅時，蘇聯會以軍事方式來協助附庸國把威脅消除）。戈巴契夫警告東德黨書記：一旦有什麼事，不要指望蘇軍的援助。

很快的，東歐人民便察覺到附庸政權的猶豫，開始一個接一個積極以實際的行動來進行試探。這些東歐附庸國政權在面對人民的騷動時，確實很猶豫；在戈巴契夫表明蘇聯不會插手之後，他們似乎就只有兩個選擇，一個是鎮壓規模愈來

雷根——雷根早年從事過影視工作，五十六歲擔任加州州長，做了八年。七十歲時當選總統，是美國歷史上第一位從影壇步入政壇的總統。他的演講極富說服力，被譽為「偉大的溝通者」。雷根做了兩屆的總統（一九八一～一九八九年），至七十八歲卸任。

愈大的示威運動，另一個就是乾脆滿足那些倔強的群眾。

總之，一九八九年最為震驚全世界的，就是蘇聯共產主義制度的衰退，以及蘇聯這些東歐附庸國，竟然陸陸續續都擺脫了蘇聯的控制，恢復自由。

緊接著，更不可思議的是，翌年共產黨竟然失去了在蘇聯執行一黨專政的權力；這年三月中，在蘇聯第三次（非常）人民代表大會上，戈巴契夫當選為蘇聯首任總統。他也是歷史上唯一一位蘇聯總統（他在前一年五月下旬的首屆蘇聯人民代表大會上，當選為蘇聯最高蘇維埃主席）。

也就是在這一年（一九九〇年），戈巴契夫通過廢除書刊檢查制度的法

蘇聯領導人戈巴契夫與美國總統雷根，於 1987 年共同簽定《中程飛彈條約》，為兩強的軍備競賽劃上句點。

律，開展了為政治迫害受害者大規模平反的運動。同時，鑒於戈巴契夫加速了裁軍的步調，又放下「冷戰」的仇恨，讓東歐附庸國以和平的方式走自己的路，因此在同年十月份獲得了諾貝爾和平獎。

2 德國的統一與蘇聯的垮臺

「柏林圍牆」始建於一九六一年八月十三日，全長一百五十五公里，是東德在自己這一邊的領土上所建立的邊防系統，環繞西柏林邊境，目的是要阻止東德（當然包含首都東柏林）和西德所屬西柏林之間，所有人員的自由往來。最初只是以鐵絲網和磚石做為材料，後來慢慢加固，成了混凝土牆，比較開放的地帶還另設邊防設施，並建築了瞭望塔，便於隨時做嚴密的監視。

「柏林圍牆」是冷戰時期非常重要的標誌性建築。一九八九年十一月九日，東德宣布允許公民申請訪問西德，柏林圍牆被迫開放；七個月後、一九九〇年六月，東德政府正式決定拆除矗立了二十九年的「柏林圍牆」。

就像「柏林圍牆」的出現有其特定的歷史因素一樣，「柏林圍牆」的倒塌自然也有其特殊的背景，絕不是忽然就憑空倒塌的。這個背景就是在一九八九年，東歐近乎一整年的動蕩；從年初開始，蘇聯諸多附庸國的共產黨政府一個一個的垮臺，到了接近年底的時候，東德就宣布允許公民申請訪問西德——這也正是骨牌效應的必然結果。

◆——柏林圍牆倒下的背景

現在，就讓我們從一九八九年初開始說起。

在年初的時候，雖然共產黨在這些東歐附庸國裡的權威已經大為動搖，但當時他們都認為應該大體還能保持現狀，頂多就是在徵得戈巴契夫的同意下，在某些方面給予適當的鬆綁，也算是響應戈巴契夫的「開放政策」。

於是，波蘭的軍事獨裁政府遂在一月份做了一個決定，要與「團結工聯」，這個一直被視為非法勞工運動組織對話。多年來，「團結工聯」動輒就會為了糧食價格不斷上漲等問題而舉行罷工和遊行，令當局很是頭痛。

對話結果，政府同意「團結工聯」派出候選人來參加六月初的選舉，這是波蘭半個世紀以來第一次自由選舉，也是二戰後、一九四八年以來，東歐地區第一次自由選舉。選舉結果，「團結工聯」獲得壓倒性的勝利，幾乎贏得了所有開放民眾選舉的席次。

由於擔心這會激起蘇聯的干預（此時戈巴契夫還沒有訪問東德、還沒有宣布要取消當年布列茲涅夫「有限主權論」的政策，還要再過四個月，戈巴契夫才會訪問東德），因此「團結工聯」支持原來的掌權者雅魯澤爾斯基（一九二三～二〇一四年）再度參選總統，並暫時維持原來的政治與軍事架構。

波蘭就這樣成為第一塊骨牌。

下一塊骨牌是匈牙利。同樣是在六月，匈牙利朝著「社會主義多元論」邁進，這無異是匈牙利共產黨，一黨專政政權的瓦解。

當匈牙利人紛紛把阻隔在他們和奧地利之間的鐵刺網路障剪斷，並且當局緊跟著也在九月十日開放國境之後，過去幾十年來看似無比堅固的「鐵幕」，猛然出現了第一個破口，東德人民頓時就像潮水一般，從這個破口湧入匈牙利，再從匈牙利轉往西歐各地。

眼看跑掉的人愈來愈多，東德政府面上無光，在情急之下，想出一個絕招——乾脆就當這些人是移民吧，乾脆就讓移民合法化吧，這樣不是就可以處理現在這樣的亂象了嗎？

就是在這樣的情況之下，東德在這年十一月九日打開了「柏林圍牆」，結果在很短的時間之內，就有四百萬東德人民移民了！一個勁兒都高高興興的湧進了西柏林！

到了第二年（一九九〇年）夏天，經過很多專家們的激烈爭論，東德踏出重要的一步——引進了西德的貨幣「馬克」，進而促成雙方在經濟和貨幣上的聯盟，接下去，政治上的聯盟自然就是水到渠成了。

八月，東德人民議院決議，將東德併入西德，並於不久就簽署了一份厚達一千二百頁的統一合約。

十月三日，兩德人民——現在應該說是全德人民了——一起熱烈慶祝德國重新統一！這是自一個世紀以前、一八七一年德意志統一之後，德國第二次的統一。

1989 年，在柏林的布蘭登堡門前，等待「柏林圍牆」開放通過的東德人民。

一九八九年十一月、就在東德打開了「柏林圍牆」之後，對於東歐這些蘇聯的附庸國來說，脫離一黨專政已是大勢所趨，攔也攔不住了。

就在東德打開「柏林圍牆」的第二天，保加利亞的共產黨還企圖力挽狂瀾，打算換掉已經在位三十五年的執政者，換上比較年輕、比較有能力應付這股潮流的人上臺。十一月中，在捷克斯洛伐克，成千上百的學生和民眾在布拉格的街道遊行示威，促成一個多月之後政權的轉移。由於布拉格的政權轉移非常順利、非常和平，所以捷克斯洛伐克的解放運動，後來被稱為「天鵝絨革命」。

在短短半年之內，除了阿爾巴尼亞，蘇聯各個東歐附庸國都廢除了一黨專制的共產黨統治，而且過程都堪稱平和，只有在羅馬尼亞發生了流血事件。當一九八九年十二月羅馬尼亞爆發革命時，已在位二十多年的元首西奧塞古（一九一八～一九八九年）採取了血腥鎮壓，在十二月中，屠殺了至少四千名抗議者，然而這反而更加激起人民的憤怒和反抗，很快的，就連軍隊也不再支持西奧塞古。最後，西奧塞古與妻子試圖出逃，但是失敗了，他們在聖誕節那天接受了軍事審判，然後於當日稍晚就雙雙被槍斃。

◆冷戰正式畫上句點

在德國統一之後第二個月，蘇聯、美國與其他二十個歐洲國家的代表，齊聚巴黎，簽署了一項協議，大家都表示，同意將大幅削減歐洲的正規武器，並且承認歐洲的國境應該維持原貌。這項協議稱得上是自二戰結束、近半個世紀以來，一項極為正式的和平協定。

接下去，大家要一起陸續拆除那些會造成世界末日的飛彈。

在「冷戰」期間，主要就是以美國與蘇聯為首的兩大軍事集團（「北大西洋公約組織」和「華沙公約組織」）之間的對峙，可以說美國和蘇聯這兩個超級大國之間的爭霸，是世界長期不得安寧的主要根源，尤其是兩國都儲存了大量保證會令對方毀滅的核彈頭，這更是長期威脅世界和平的危險因子。

一九九一年七月一日，《華沙公約》正式失效。七月三十一日，美國的布希總統與蘇聯領導人戈巴契夫，都同意裁減洲際飛彈的數量，不過仍將維持勢均力敵的情勢。這是《第一階段戰略武器限制公約》。

持續了四十幾年的「冷戰」，至此畫上了句點。

八一九事件與蘇聯解體

原本《第二階段戰略武器限制公約》定於兩年後再展開談判，要更進一步裁減雙方的飛彈數量，誰知就在第一階段戰略武器限制公約完成之後的第二個月，蘇聯就發生了政變，是為「八一九事件」，又稱「八月政變」。

在八月十九日這天，正在烏克蘭南部一個海濱小城度假的戈巴契夫遭到軟禁，同一天，蘇聯副總統發布命令，宣布戈巴契夫因健康狀況不佳，不能履行總統職務。

這實際上是蘇聯中央政府的一些官員，企圖廢除戈巴契夫蘇聯總統的職務，並取得對於蘇聯的控制所為，他們認為戈巴契夫的改革計畫實在是太過分，正在進行的《新聯盟條約》也非常不合適，不應把權

1991 年，美國的布希總統與蘇聯領導人戈巴契夫簽定《第一階段戰略武器限制公約》，雙方同意減少毀滅性武器的數量，一起維護世界安全。

力過於分散給各合眾國。

戈巴契夫確實是想要建立一個組織比較鬆散的聯邦，已經有好幾個共和國都同意簽署聯邦條約，其中最大的一個加盟共和國是「俄羅斯蘇維埃聯邦社會主義共和國」，差不多在「八一九事件」發生的兩個月前，時年六十歲的葉爾欽（一九三一～二〇〇七年）剛剛當選為該國的總統。

事後回顧，「八一九事件」可說是一批蘇聯高官，為了阻止蘇聯解體、為了挽救蘇聯所做的最後嘗試，但結果卻剛好相反，反而加速了蘇聯的解體。八月十九日，這些蘇聯高官成立了一個「緊急狀態委員會」，可是，「俄羅斯蘇維埃聯邦社會主義共和國」的總統葉爾欽，拒不服從「緊急狀態委員會」的命令，繼之以捍衛憲法的名義，挫敗了「緊急狀態委員會」的行動，使得這場政變僅僅三天就畫下句點。

八月二十一日，戈巴契夫發表聲明，強調自己已經完全控制了局勢，並恢復了曾經一度中斷的與全國的聯繫，將繼續履行總統的職務。

過了三天，戈巴契夫辭去了蘇共中央總書記的職務，並建議蘇共中央「自行解散」。

在「八一九事件」平息之後，雖然戈巴契夫仍然繼續致力於締結聯盟條約的工作，可是各加盟國都紛紛宣布獨立，至九月底，已經有十二個加盟國宣布獨立；十二月，第二大的加盟國，烏克蘭也宣布獨立。。

十二月八日，蘇聯、烏克蘭、白俄羅斯代表簽署了一份，關於建立獨立國家聯合體的聲明《獨立國協條約》，並宣布了蘇聯的解體。

就這樣，在一九九一年，這一年不僅「冷戰」結束，蘇聯也解體了。

十二月二十五日，「俄羅斯蘇維埃聯邦社會主義共和國」獨立後，更改國名為「俄羅斯聯邦」，由葉爾欽擔任首任總統。

同一天，戈巴契夫宣布辭去總統職

1991 年起，俄羅斯聯邦接替蘇聯的位置，由葉爾欽（右）擔任首位總統。圖為葉爾欽與美國總統老布希（左）的合照。

務，同時也辭去蘇聯武裝力量統帥職務，並把使用核武器的權力轉交給「俄羅斯聯邦」的總統葉爾欽。

一九九九年底，葉爾欽辭職，並推舉時年四十七歲的普丁成為接班人。八年後（二〇〇七年），四月下旬，葉爾欽因心臟病加重，突然病逝於莫斯科，享年七十六歲。

後記

我們正在書寫歷史

管家琪

這一卷我們從二戰之後開始講起，一直講到「柏林圍牆」的倒塌，以及「冷戰」結束、蘇聯解體。

若與卷九相比，這卷所講述的內容——從西元一九四五至一九九一年、這將近半個世紀的時間，距離我們就更近了，近到有些我們提到的人物在生卒年部分的介紹，都只註明了「生於西元多少多少年」，表示這個人物如今仍然健在。

還有，你或許會覺得奇怪，有些人物（譬如俄羅斯總統普丁），他不是新聞人物嗎？我們不是不時就會在新聞上看到他、聽到他嗎？他怎麼也在我們這本書裡呢？彷彿已經成了歷史人物似的。這就是因為這一卷的內容是現代史，同時還是現代史中與當前最接近的半個世紀之內的歷史。

以普丁來說，他出生於一九五二年，當年（一九九九年）被葉爾欽推舉為接班人的時候才四十七歲，到今年（二〇二一年）也不過才六十九歲，而以醫療進步的現代觀點來看，這個年紀一點也不老。從二〇〇〇年以來，至今超過二十年的時間，普丁先後四次當選俄羅斯總統，有「鐵腕總統」之稱。他對內加強聯邦政府的權力、大力整頓經濟秩序，並加強軍隊建設，對外則努力改善國際環境、積極拓展外交空間，有效維護了俄羅斯的利益，還在國際舞臺上恢復了俄羅斯世界性強國的地位，被美國相當權威的《時代週刊》和《富比士》雜誌，都曾評選為世界最有影響力的人物。

普丁至今仍是俄羅斯權勢最高的掌舵人物，可以說「普丁時代」尚未結束，因此我們只是在必要的時候提到他，從葉爾欽手中接棒之後，他畢竟開啟了俄羅斯歷史上一個新的階段，不能不提，但我們還沒有辦法完整的來講述他。戈巴契夫雖然也還在世，可是他的時代畢竟已經結束了。歷史總是要蓋棺論定的。

其實人也是一樣，希臘哲學家亞里斯多德（西元前三八四～前三二二年）在《倫理學》中就說，一個人是否幸福，要蓋棺論定。亞里斯多德特別以特洛伊國王普里阿摩斯為例，在特洛伊戰爭發生之前（關於特洛伊戰爭，我們在卷一《世界史的序幕》中有所講述），貴為國王的普里阿摩斯，相信沒人會認為他不幸福；可是在特洛伊戰爭之後呢？他不僅家破人亡，連整個國家都被希臘聯軍給滅了，這個時候還會有人說普里阿摩斯是幸福的嗎？

因此我們這一卷《現代史II》、或者應該說我們這一套【少年愛讀世界史】，決定從遠古開始講起，一直講到「冷戰」結束、蘇聯解體，也就是距今（二〇二一年）三十年前為止——畢竟這是一個清楚的段落。

歷史，經常得隔一段距離方能看清楚，我們往往很難對當下的歷史做客觀的評斷和講述。

同時，小至個人、大至國家民族，我們也不斷的在書寫歷史。今天發生的事，就是明天的歷史，很多事也許今天還很難看出其中的意義，或給出正確的評價，但總有一天，歷史終究還是會給出一個公正的答案。

參考書目

1 《世界通史》，王曾才／著，三民書局出版，二〇一八年五月增訂二版。

2 《寫給年輕人的簡明世界史》，宮布利希／著，張榮昌／譯，商周出版，二〇一八年三月二版。

3 《BBC 世界史》，安德魯・馬爾／著，邢科、汪輝／譯，遠足文化出版，二〇一八年九月二版。

4 《世界史是走出來的》，島崎晉／著，黃建育／譯，商周出版，二〇一七年五月初版。

5 《世界史年表》，李光欣／編，漢宇國際文化出版，二〇一五年八月初版。

6 《西洋通史》，王德昭／著，商務印書館出版，二〇一七年五月初版。

7 《西洋上古史》，劉增泉／著，五南圖書出版，二〇一五年八月初版。

8 《從黎明到衰頹》上、下冊，巴森／著，鄭明萱／譯，貓頭鷹出版，二〇一八年二月四版。

9 《西洋中古史》，王任光／編著，國立編譯館出版，二〇〇〇年八月初版。

10 《文藝復興時代》，王任光／著，稻鄉出版，二〇〇二年十一月初版。

11 《西洋近世史》，王曾才／編著，正中書局出版，二〇一二年四月三版。

12 《西洋現代史》，王曾才／著，東華書局出版，二〇一三年六月七版。

13 《西洋現代史》，羅伯特 ・ 帕克斯頓、朱莉 ・ 何偉／著，陳美君、陳美如／譯，聖智學習亞洲私人有限公司台灣分公司出版，二〇一六年十一月初版。

14 《影響世界歷史 100 位名人》，麥克・哈特／著，趙梅等／譯，晨星出版，二〇〇〇年十二月初版。

15 《中國通史》上、下冊，傅樂成／編著，大中國圖書出版，二〇一一年十月三十七版。

16 《中國近代史》，薛化元／編著，三民書局出版，二〇一八年二月增訂七版。

17 《中國現代史》，薛化元、李福鐘、潘光哲／編著，三民書局出版，二〇一六年二月增訂五版。

經濟互助委員會

The Council for Mutual Economic Assistance（COMECON）

經濟合作與發展組織

Organization for Economic Cooperation and Development（OECD）

十五畫

歐洲共同市場 European Common Market

歐洲自由貿易協會

European Free Trade Association（EFTA）

歐洲復興計畫 European Recovery Program

歐洲煤、鋼共同體

European Coal and Steel Community（ECSC）

歐洲聯盟 European Union（EU）

熱線 hot line

十九畫

《羅馬條約》 Treaty of Rome

二十一畫

鐵幕 Iron Curtain

專有名詞中英對照

五畫

布魯克萊恩 Brookline

布魯塞爾 Brussels

七畫

《冷戰：美國外交政策研究》

The Cold War：A Study in U.S. Foreign Policy

冷戰 The Cold War

李普曼 Walter Lippman

車諾比 Chernobyl

八畫

亞塞拜然族 Azerbaijanis

易北河 Elbe River

肯楠 George Frost Kennan

九畫

客工 guest worker

柏林圍牆 Berlin Wall

約瑟夫・普立茲 Joseph Pulitzer

美國總統卡特 Jimmy Carter

美國總統尼克森 Richard Milhous Nixon

美國總統甘迺迪 John Fitzgerald Kennedy

美國總統艾森豪 Dwight David Eisenhower

美國總統狄奧多・羅斯福／老羅斯福

Theodore Roosevelt

美國總統杜魯門 Harry S. Truman

美國總統林肯 Abraham Lincoln

美國總統詹森 Lyndon B. Johnson

美國總統雷根 Ronald Wilson Reagan

美國總統福特 Gerald Rudolph Ford

十畫

庫德族 Kurds

馬丁・路德・金恩 Martin Luther King Jr.

馬丁路德 Martin Luther

馬歇爾 George Catlett Marshall

馬歇爾計畫 The Marshall Plan

十一畫

寇松線 Curzon Line

第三世界 Third World

莫洛托夫計畫 Molotov Plan

麥克阿瑟 Douglas MacArthur

十二畫

《斯德哥爾摩條約》Stockholm Treaty

普立茲獎 Pulitzer Prizes

十三畫

愛爾蘭共和軍

Irish Republican Army（IRA）

XBLH00010

少年愛讀世界史 卷 10
現代史 II 柏林圍牆的倒塌

作者｜管家琪

字畝文化創意有限公司
社長兼總編輯｜馮季眉　編輯｜戴鈺娟、陳心方、巫佳蓮　行銷編輯｜洪絹
全套資料顧問｜劉伯理　歷史學習單元撰文｜曹若梅　特約圖片編輯｜陳珮萱、楊正賢
人物漫畫｜劉 婷　地圖繪製｜廖于涵　美術設計｜黃子欽　封面設計｜ Joe Huang

讀書共和國出版集團
社長｜郭重興　發行人｜曾大福
業務平臺總經理｜李雪麗　業務平臺副總經理｜李復民
實體通路協理｜林詩富　網路暨海外通路協理｜張鑫鋒　特販通路協理｜陳綺瑩
印務協理｜江域平　印務主任｜李孟儒

出版｜字畝文化創意有限公司
地址｜ 231 新北市新店區民權路 108-2 號 9 樓
電話｜ (02)2218-1417　傳真｜ (02)8667-1065
電子信箱｜ service@bookrep.com.tw　網址｜ www.bookrep.com.tw

法律顧問｜華洋法律事務所　蘇文生律師
製版｜軒承彩色印刷製版公司　印製｜通南彩色印刷公司

2021 年 11 月　初版一刷　2022 年 12 月　初版二刷　定價：420 元
書號：XBLH0010
ISBN：978-986-5505-68-4

國家圖書館出版品預行編目 (CIP) 資料
少年愛讀世界史．卷 10, 現代史．II：柏林圍牆的倒塌 / 管家琪著．-- 初版．-- 新北市：字畝文化出版：遠足文化事業股份有限公司發行 , 2021.11
面； 公分
ISBN 978-986-5505-68-4(平裝)
1. 世界史 2. 通俗作品
711　　110004202